増田辰弘
Masuda Tatsuhiro
馬場 隆
Baba Takashi

アジアで成功する企業家の知恵

めこん

はじめに――空前のアジアブームが始まった

いま、日本ではあまり表面には出てこないが、空前のアジアブームが起きている。そのことを端的に象徴しているのが、アジアと日本を結ぶ航空路線の混みぐあいだ。かつてリーマンショックの直後には、アジア便は多くの路線で空席が目立っていた。ところが最近は、中国便だけでなく、タイ、マレーシア、ベトナム、インド便などを含めてどの路線も満席に近い。路線によっては、予約してもなかなか席が取れないケースもある。

私（増田）の場合で言えば、二〇一〇年八月初旬、中国・青島での取材に、ある木工会社の社長が同席したいというので航空券を予約しようとしたところ、満席で席がとれず、やむなくその社長は二日遅れで現地入りした。

一方、投資の面から見ると、日本から韓国、台湾、タイ、ベトナムなどへの投資はピーク時に近い投資件数、投資額である。

アジア各地を旅するとわかるが、サービス業のアジア進出が加速している。大手チェーン店も例外ではなく、タイにはダイソーが五〇店舗も出店している。

また、ソウルや台北などでは、日本からレストランや美容室、ビジネスホテルといった小規模事業での進出が目に見えて増えている。ソウルには、日本の剣道や柔道の武具を製造、販売する会社が進出しているが、日本より競争が少ない分、売り上げは好調だという。

ソウルや台北などアジアの主要都市は、ビジネスインフラが整っていて、既に日本国内化した市場になりつつあると考えてもいい。

そして今後、この区域が次第にアジア全体に拡がっていく。確かに、リスクが低下した分、リターンは少ないが、日本国内だけでビジネスをするよりはずっと効率がいい。アジア市場の開拓というよりも、日本市場の拡大と見た方が良い。

アジアビジネスでもうひとつ見逃せないのが、現地で活躍する日僑型企業、現地同化型日本人である。戦略的にアジアで生きるビジネスノウハウを身に付けた新しいタイプの日本人の存在である。中国企業が短期間に急速に技術レベルを上げたのも彼らの役割が大きい。これは、日本マーケットで十分使いきれなかった企業、人材を中国が使ったという見方もできる。

失われたと言われるこの二〇年、日本企業はリストラの歴史であるが、逆に言えばひたすら中国とアジアに人材供給がなされた歴史でもある。オーバーに言えば、現在の状況はこのリストラ社員の逆襲と見ることもできる。オートバイでも薄型テレビでも、彼らを抜きにして今日のアジア企業の発展はなかった。日本社会の歪みが生み出した現実を我々は今、直視すべきである。

一方、この数年、中国では反日デモ、ストライキ、尖閣列島などの問題が起きた。だが、次々と繰り広げられる彼らの周到な戦略を見て、ただ中国嫌いになるのでなく、彼らのやり方から学ぶという姿勢が取れないものかと常々思っている。日本人は、どこの国とでもただ仲良くすることが外交で、こちらが好意的であれば相手もそれに応えてくれるはずだと思いがちだが、この島国的平和主義は一歩外に出ると通用しない。同様に、アジアビジネスにも、戦略的な発想が求められている。

現在、中国では山岡荘八の徳川家康の本が書店に山と積まれ、大ブームになっている。二〇年前ならこんなことは絶対に起きなかった。まさに、中国人は鳴くまで待ったのである。

日本の高成長期に中国人、アジア人が日本人をどのように見ていたのか。日本企業、日本人の側に彼らを見下すような振る舞いはなかったのか。そこに思いを馳せるべきではないだろうか。何よりも、感情的にならないことが大事である。

本書は、第1部「ビジネスマンのためのアジア情報」と第2部「企業実践編――アジアで創業する知恵」、第3部「特別編――将来を見据えて」に分かれている。第1部では、アジアの新しい潮流を、社会風潮もビジネストレンドも含めてまとめている。第2部では、これまでほとんどマスコミに登場してこなかった日系企業のアジア進出の工夫と知恵を、現地取材をもとに紹介した。さらに第3部では、これまでの日本にはなかったタイプだが、二一世紀のアジアで活躍するに違いないビジネスモデルを先取りし、実践している企業の横顔を紹介した。アジアではもはや従来型の高コストでの進出、あるいは日本型ものづくり至上主義だけでは、やっていけなくなった。私はこれを「ジャルパック型進出」と呼んでいる。ジャルパック型とは皆で行く、同じところに行く、ツアーコンダクターのお姉さんがついている。しかしコストは高い。日本企業が圧倒的に優位なときはこのやり方で良かったが、今はこの方式ではアジア企業の追い上げによりうまく行かなくなってきた。アジアで成功しているのはそのことを理解している企業人である。彼らの実践的経営ノウハウが少しでも読者の参考になれば幸いと感じる。

本書に登場いただいたアジア各国に進出している日系企業の方々には、嫌な顔もせずお付き合いいただき、深くお礼を申し上げたい。

なお本書は、重化学工業通信社『アジア・マーケットレヴュー』、科学技術と経済の会『技術と経済』、中小企業団体中央会『中小企業と組合』、神奈川新聞社・神奈川政経懇話会『政経かながわ』に連載されたものをメインに加筆、修正して構成したもので、本書の取りまとめに当たり、各社にはひとかたならぬお世話になった。また、中国でフリーペーパーを発行し、現地の日本人の雇用動向にも詳しい株式会社チャイナ・コンシェルジュの大西正也代表には特別寄稿をいただいたほか、中国現地の日本人の若者の声を集めていただき、深く感謝申し上げる。

最後に本書の出版にあたり、株式会社めこんの桑原晨社長には大変お世話になったことを明記しておきたい。アジアでの日本企業、日本人の一層の活躍を祈りつつ本書のペンを擱く。

二〇一一年一月二〇日

増田辰弘
馬場　隆

目次

第2部 企業実践編——アジアで成功する企業人の知恵 87

マレーシア	インドネシア	フィリピン	シンガポール	ベトナム
33万km²	189万km²	29.9万km²	0.07万km²	32.9万km²
クアラルンプール	ジャカルタ	マニラ	シンガポール	ハノイ
イスラム教、仏教、儒教、ヒンズー教、キリスト教	イスラム教(88.6%)、キリスト教(8.9%)、ヒンズー教(1.7%)	カトリック(83%)、その他のキリスト教(10%)、イスラム教(5%)	仏教、イスラム教、キリスト教、ヒンズー教	仏教(80%)、カトリック、カオダイ教等
立憲君主制	共和制	立憲共和制	立憲共和制	社会主義共和国
ミザン・ザイナル・アビディン第13代国王	スシロ・バンバン・ユドヨノ大統領	ベニグノ・アキノ3世	S.R.ナザン大統領	グエン・ミン・チェット国家主席
製造業(電気機器)、農林業(天然ゴム、パーム油、木材)、鉱業(錫、原油、LNG)	鉱業(石油、LNG、アルミ、錫)、農業'(米、ゴム、パーム油)、工業(木材製品、セメント、肥料)	農林水産業	製造業(エレクトロニクス、化学関連、バイオメディカル、輸送機器、精密機械)、商業、ビジネスサービス、運輸・通信業、金融サービス業	農林水産業、鉱業、軽工業
1,569.8	1,164.9	383.3	2,689.3	570.9
1,234.0	968.5	430.0	2,449.6	699.4
電気製品、化学製品、原油、パーム油、LNG	石油・ガス、動物・植物油、鉱物性燃料	電子・電気機器、輸送用機器等	機械・輸送機器、鉱物性燃料、化学製品	原油、縫製品、履物、水産物等
製造機器、輸送機器、食料品	石油・ガス、一般機械機器、鉄鋼	通信・電気機器、電子部品、発電用重電機器等	機械・輸送機器、鉱物性燃料、原料別製品	機械製品(同部品)、石油製品、鉄鋼、布等
3.1リンギ	9,000ルピア	43ペソ	1.3シンガポールドル	20,000ドン

↘現在)。カンボジア、ラオスを除くアジア各都市の賃金水準は、日本貿易振興機構「第20回アジア主要都市・地域の投資関連コスト比較」(2010年4月)より作成。

【アジアの主な国・地域の概要と投資環境】

国・地域	中国	韓国	台湾	タイ
面積	960万km²	10.3万km²	3.6万km²	51.4万km²
首都	北京	ソウル	台北	バンコク
宗教	仏教・イスラム教・キリスト教等	仏教(25%)、プロテスタント(20%)、カトリック(7.4%)	仏教、道教、キリスト教	仏教(95%)、イスラム教(4%)
政体	人民民主共和制	民主共和国	民主共和制	立憲君主制
元首	胡錦濤国家主席	李明博大統領	馬英九総統	プミポン・アドゥンヤデート国王
主要産業	繊維、食品、化学原料、機械、非金属鉱物	電気・電子機器、機械類、自動車、造船、石油化学、鉄鋼	電気・電子、鉄鋼金属、繊維、精密機械	製造業(電子・電気機器)、自動車・部品、天然ゴム
輸出額(2009年、億ドル)	12,016.6	3,635.3	2,036.7	1,524.9
輸入額(2009年、億ドル)	10,055.6	3,230.8	1,743.7	1,338.7
主要輸出品目	機械電気製品、ハイテク製品、繊維・繊維製品	半導体、自動車、無線通信機器、船舶、石油製品等	電子電気機械、鉄鋼金属製品、精密機器、プラスチック製品	コンピュータ、自動車・部品、集積回路、天然ゴム
主要輸入品目	機械電気製品、ハイテク製品、集積回路、マイクロ組立部品	原油、電子部品、半導体、鉄鋼製品、天然ガス	電子電気機械、原油・鉱産物、鉄鋼金属製品、化学品	原油、産業機械、化学品、集積回路
為替レート(2010年10月末日、1ドル=)	6.6元	1,100ウォン	30.6新台湾ドル	30バーツ

(出所)外務省各国情勢地域別インデックス、日本貿易振興機構国・地域別情報。なお各国別GDP成長率とインフレ率はアジア開発銀行「Asian Development Outlook 2010」資料、2010年分については予測数字。在留邦人数は、外務省「海外在留邦人数調査統計(平成22年度速報版)」(2009年10月1日 ↗

マレーシア	インドネシア	フィリピン	シンガポール	ベトナム
154.4	185.7	61.9	122.4	62.9
154.0	98.4	53.4	186.6	74.6
機械機器、LNG等鉱物性燃料、木材等	石油、天然ガス、機械機器、銅鉱、エビ	電気機器、原料品、一般機械、食料品	機械機器、揮発油等石油製品	原油、水産物、縫製品
半導体等電子部品、一般機械、鉄鋼等	一般機械、電気機器、輸送用機器	電気機器、一般機械、原料別製品	半導体電子部品、事務用機械	機械類、鉄鋼、電気機器
9,142	11,263	17,757	23,297	9,468
28.6	231	88.5	4.9	85.7
1,913	5,402	1,610	1,822	964
6,897	2,329	1,746	37,293	1,060
2008年(4.7) 2009年(-1.7) 2010年(6.8)	2008年(6.0) 2009年(4.5) 2010年(6.1)	2008年(3.7) 2009年(1.1) 2010年(6.2)	2008年(1.8) 2009年(-1.3) 2010年(14.0)	2008年(6.3) 2009年(5.3) 2010年(6.7)
1.8	5.2	4.5	3.0	8.5
·穏やかな性格 ·日系企業では熟練労働者、技術者不足の声が聞かれる ·外国人労働者も受け入れている	·失業率が高く、労働者は豊富 ·若年労働者の雇用が容易 ·イスラム教徒が多く1日5回の祈りが義務付けられている	·若年労働者の雇用が容易 ·性格は明るく勤勉 ·教育レベルが高く多くの優秀な人材が埋もれている ·大卒雇用も容易	·労働者の質はアジア諸国の中でも比較的高い ·高学歴者が多く、技術者、熟練労働者が豊富	·若年労働者の雇用が比較的容易 ·性格温厚、勤勉、器用との評判 ·管理職、技術者レベルは不十分
ワーカー(260) エンジニア(750) 中間管理職(1,500)	ワーカー(150) エンジニア(290) 中間管理職(800)	ワーカー(295) エンジニア(390) 中間管理職(1,000)	ワーカー(970) エンジニア(2,000) 中間管理職(3,360)	ワーカー(100) エンジニア(290) 中間管理職(820)

国·地域	中国	韓国	台湾	タイ
対日輸出額（2009年、億ドル）	979.1	217.7	145.0	157.3
対日輸入額（2009年、億ドル）	1,309.3	494.2	362.2	250.2
対日輸出品目	電気機器、一般機械、原料別製品、化学製品	機械類、電子·電気製品、鉄鋼·金属製品、化学工業品	電子·電気機械、鉄鋼金属製品、繊維	一般機器、電気機械、鉄鋼、化学品、輸送機器
対日輸入品目	電気機器、一般機械、原料別製品	電子·電気製品、機械類、鉱物性燃料、機械類、化学工業製品	電子·電気機械、鉄鋼金属製品、化学品	電気機器、加工食品、一般機械、化学品
在留邦人数	127,282	28,320	20,373	45,805
人口（2009年、百万人）	1,334	48.8	23.1	63.3
名目GDP（2009年、億ドル）	49,090	8,329	3,785	2,639
1人当りGDP（2009年、ドル）	3,678	17,074	16,392	3,940
GDP成長率（前年比、%）	2008年（9.6） 2009年（9.1） 2010年（9.6）	2008年（2.3） 2009年（0.2） 2010年（6.0）	2008年（0.7） 2009年（-1.9） 2010年（7.7）	2008年（2.5） 2009年（-2.2） 2010年（7.0）
インフレ率（2010年の前年比、%）	3.2	3.0	1.5	3.2
労働力について	·沿海部と内陸部の労働者の質には大きな差がある ·沿海部は労働集約型生産には不向きになりつつある ·対日感情に留意	·労働者は高学歴で優秀である ·労働運動が活発にて労務対策には要配慮 ·労働条件遵守の傾向が強く、十分な調査が必要	·いわゆる3K職種では労働力不足が生じており、東南アジアから大量の外国人労働者が流入 ·労働集約型生産には不向き	·バンコクを除き労働力は豊富 ·性格はまじめ、温厚であり、誇り高い ·教育水準は高いが、良質の管理者層は不足気味
首都部の賃金水準＊（1ヵ月当り米ドル）	ワーカー（300） エンジニア（630） 中間管理職（1,100）	ワーカー（1,200） エンジニア（1,700） 中間管理職（2,400）	ワーカー（900） エンジニア（1,150） 中間管理職（1,800）	ワーカー（230） エンジニア（540） 中間管理職（1,350）

＊中国は上海の数字。

国·地域	ラオス	カンボジア	ミャンマー	バングラデシュ
面積	24万㎢	18.1万㎢	68万㎢	14.4万㎢
首都	ビエンチャン	プノンペン	ネーピードー	ダッカ
宗教	仏教、精霊信仰など	仏教(大多数)、イスラム教	仏教(9割)、キリスト教、イスラム教等	イスラム教(9割)、ヒンズー教(8%)等
政体	人民民主共和制	立憲君主制	軍事体制	共和制
元首	チュンマリー·サイニャソーン国家主席	ノロドム·シハモニ国王	ダン·シュエ国家平和開発評議会議長	ジルル·ラーマン大統領
主要産業	農業、工業、林業、鉱業等	観光·サービス、農業、鉱工業	農業、水産、林業等	縫製品産業
輸出額(億ドル)	11(2009年)	39.0(2009年)	60(2006年)	139.4(2008年)
輸入額(億ドル)	10(2009年)	54.4(2009年)	31(2006年)	194.8(2008年)
対日輸出額(百万ドル)	10.4(2009年)	142(2009年)	155(2007年)	173(2008年)
対日輸入額(百万ドル)	9.1(2009年)	112(2009年)	109(2007年)	832(2008年)
為替レート(1ドル=)	8,300キープ(2010年11月9日)	4,000リエル(2010年11月9日)	6.4チャット(2010年11月9日)	70タカ(2010年10月末)
対日輸出品目	衣料品、靴、コーヒー等	靴、衣類等	農水産、林産物等	エビ、縫製、革製品等
対日輸入品目	車両、運送用機器、工業原料	縫製用機器、輸送用機器等	機械、電気機器	機械機器、自動車等
在留邦人数	490	889	504	499
人口(百万人)	6.4(2009年推定)	13.4(2008年3月)	58.8(2008年10月)	144.5(2008年7月)
名目GDP(億ドル)	55.9(2009年推定)	108(2009年推定)	156(2007年推定)	789.9(2008年)
1人当りGDP(ドル)	878(2008年推定)	775(2009年)	459(2009年)	624(2009年)
GDP成長率(前年比、%)	2008年(7.2)2009年(6.5)2010年(7.4)	2008年(6.7)2009年(-2.0)2010年(5.0)	2008年(3.6)2009年(4.4)2010年(5.0)	2008年(6.2)2009年(5.7)2010年(6.0)
インフレ率(2010年前年比%)	6.0%	4.0%	7.5%	7.3%
労働力について	·若年労働者の雇用が容易 ·中間管理職の確保が課題	·労働力は豊富 ·若年労働者の雇用が容易 ·中間管理職の確保が課題	·若年労働者の雇用が容易 ·中間管理職の確保が課題 ·親日的国民性	·労働力は豊富 ·若年労働者の雇用が容易 ·中間管理職の確保が課題
首都部の賃金水準*(1ヵ月当り米ドル)	ワーカー(45～60) マネージャー(中級)(400～500)	ワーカー(50) エンジニア(250～300) 中間管理職(150)	ワーカー(23) エンジニア(58) 中間管理職(120)	ワーカー(47) エンジニア(175) 中間管理職(380)

*カンボジアはJICA2009年資料、ラオスは日本アセアンセンター2009年資料による。

第1部

ビジネスマンのためのアジア情報

1　大づかみに知るアジアの変化

❶アジアのにじみ出し構造と好景気

アジア各国の高い経済成長が続いている。アメリカ発の世界的な金融危機・リーマンショックからも、地域として一番早く立ち直った。

アジア経済が好調な構造的な要因を考えていくと、「アジアのにじみ出し構造」という重要なポイントがあると考えられる。

まず一九八五年のプラザ合意の時期に注目したい。プラザ合意の前には一ドルが二五〇円前後だった円・ドルレートは、八七年に入ると、一ドルが一六〇円前後まで急騰した。この大幅な円高進行に対処するため、日本の主要企業は一つの対策としてタイ、マレーシア、インドネシア、フィリピンなどのアジア諸国に生産拠点を移すようになった。一方、やや遅れて韓国、台湾、香港などのメーカーもやはり通貨高から、生産拠点をアジアに移す動きを加速させた。

さらに一時的にしろ、一ドルが八〇円を切るという円高が進行した九五年ごろに、日本は中国、やや遅れてベトナムなどに生産拠点を移すようになった。

アジアに工場を移転するとどうなるのか。生産拠点に求められたのは、何より豊富で安価な労働力だった。

それまでの農作業中心の生活から工場での労働に切り替わることで、工場に勤めるようになったアジアの人々は毎月定期収入を得るようになった。農業だったら年に数回しか現金収入はなかったのに、今度は毎月お金が入る。お金が入ると、これまでは買うことができなかった家電製品から始まって、自動車を買い、自宅を建てるようになる。本来、日本などがアジアに作った工場群は、欧米に輸出するための生産基地として作られたものだったが、そこで働く労働者の雇用が内需を生んでいった。この好循環が玉突き現象のようにアジア各地へと広がっていった。私はこれを「にじみ出し構造」と呼んでいる。

さらに、二〇〇八年のリーマンショックの時に、それまで輸出主導型経済だった中国は、五五兆円規模の巨額な公共投資を実行した。この結果、中国国内では、道路や鉄道などのインフラ、それに関連して民間のマンション、オフィスビル建設が進んだほか、内陸部の景気刺激の一環として工場の内陸部への移転も政府主導で進められた。さらに高まる内需に対応してビルやマンションの建設も進んだ。この結果、消費が大幅に拡大した。中国の生産、消費が増えるということは、結果としてアジアからの輸出入が増え、それはアジア各国の景気を拡大し、アジア各国の消費を拡大させるということになった。この玉突き的な消費拡大が二〇〇九年以降本格化し、アジア主要国のGDP成長率が軒並み高くなり、アジアの一人勝ち現象が起こる。

さらに、アジア間の貿易を加速させているのが、ASEAN中国自由貿易協定(ACFTA)の締結だ。これは中国とASEAN六ヵ国(タイ、マレーシア、インドネシア、ブルネイ、フィリピン、シンガポール)の貿易の九割の品目について関税をなくすというものだ。これがスタートしたのは二〇一〇年一月だが、ACFTAの導入以降、アジアの物流はさらに拡大している。

なお日本は、このACFTAには加盟しておらず、独自に主要国・地域とEPA(経済連携協定)を結ぶ方式だが、全体的にあまりうまく進んでいない。

❷アジアはどこも人手不足

アジアは、いま主要な国はどこでも人手不足である。正確にはワーカー不足という現実が起こっている。中国を例にとると、二〇〇八年のリーマンショックの時には、沿岸部の工場を解雇された人々が広州駅などの大都市駅前に群がる映像が報道された。この映像を記憶されている読者も多いだろう。だが、今やそれは過去の話となった。

特に、中国の場合は、内需振興を強力に進めたほか、前述したように工場を政策的に内陸部に移転させる方針を打ち出した。加えて、道路、鉄道などのインフラ工事、オフィスビル、マンションの建設などが増えた。もちろん、こちらの方が雇用の受け皿としては断然多い。内陸部から出稼ぎに来ていたワーカーが沿岸部に戻らなくなってしまった。

中国の場合、都市部に戸籍を持たずに働く出稼ぎ農民、「農民工」と言われる人々が二億三〇〇〇万人はいる。このうち約一億人が沿岸部に出稼ぎに来ていた。

出稼ぎ労働者は工場や建設工事のワーカー、ガードマン、メイド、ハウスキーパーとして働いた。彼らや彼女たちがいたおかげで、低賃金で長時間働いてくれる労働力を確保することができた。

しかし、内陸部に仕事ができると、たとえ沿岸部のほうの賃金が少し高くとも、家族と暮らせる地元で働きたいという人が増えてくる。結果として沿岸部では、雇用の需給バランスが崩れ、人手不足となる。

さらに豊かになった結果として、若者が大挙して大学を目指すようになった。このため、どこもワーカー不足に拍車をかける結果となっている。

一方のアジア諸国も人手不足である。これまでにない経済成長が続いているほか、アジア諸国の対中国貿易が拡大している。さらに中国人の人手不足による玉突き現象で、タイやベトナム、インドネシアなども都市部はワーカーが確保しにくくなり、まだ十分インフラの整っていないカンボジア、ラオス、バングラデシュといった国々に行かないと十分な人手は確保できなくなってきた。

ただ、中国を筆頭に大学進学者は増えているから、優秀な若者が増えているのも、最近のアジアの特徴である。特に中国の場合は、毎年六〇〇万人が大学を卒業するが、このうち一五〇〇万人は就職できない。このため、工学部などにいても外国語を勉強して少しでも自分を差別化したいという大学生も増えている。もはや英語、日本語ないし韓国・朝鮮語ではあまり差別化できない。タイ語、ベトナム語を学ぶ学生も増えている。これは良質な人材のインフラが整っているという見方もできる。

❸小さくなった政治の影響力

一方、経済が成長するにつれて、政治的要因が経済活動に与える要因がだんだんと小さくなっているのも、事実である。二〇一〇年にはマスコミをにぎわせたタイの座り込みデモ、あるいは尖閣列島問題に端を発した中国の反日デモでも、経済活動に与える影響の度合いは小さくなっている。経済活動に大きなマイナスを与えてしまっては、現政権が持たないと考えていだろう。例えば、タイでは政権が変わっても、タイ経済の成長戦略そのものは維持されている。

また、中国の場合、日本に政治的な反感を持つ中高年や青年が「反日おじさん(兄さん)」として一部にはいる。しかし、大多数の中国人はこんなことに関心はない。彼らの関心は国際政治の問題よりもビジネスや経済、そして家族や生活レベルの向上である。これも生活レベルが向上してきた結果だ。

一方、尖閣列島問題で一時中国から日本へのパック旅行が一部キャンセルになったが、それでも中国から日本にやってくる航空便はどこも満席に近い。所得が上がった結果、毎年四五〇〇万人が海外旅行をするようになった。二〇〇九年で中国からは一〇一万人が日本を訪れている。二〇一〇年には一四一万人で、一年間に四〇万人も増えた。今後さらに増え続けるだろう。実際の日本を肌で知ってもらう機会が増えるほど、日本への認識も変わってくる。

今、中国の若者にとって、最大の関心事は就職問題である。日本企業は技術力やソフト力を含めて魅力的な就職先で、日本商工会議所が中国各地で主催する就職説明会はどこも超満員だ。これはマスメディアにはあまり伝えられていない現実である。経済が豊かになると政治の影響力が小さくなるとよく言われるが、中国にもその事実を見ることができる。

ただし、いわゆるチャイナ・リスクは減ったと言うのが本書の趣旨ではない。もちろんたっぷり残っている。考えられるリスクを下げ、いかに回避したらいいかを考えることが大事なのである。

❹ドル安が進むアジア経済

最近の円高を気にする日本のビジネス関係者は多い。国内からの海外輸出では採算が悪化し

アジア主要通貨の過去1年間の対米ドル上昇率

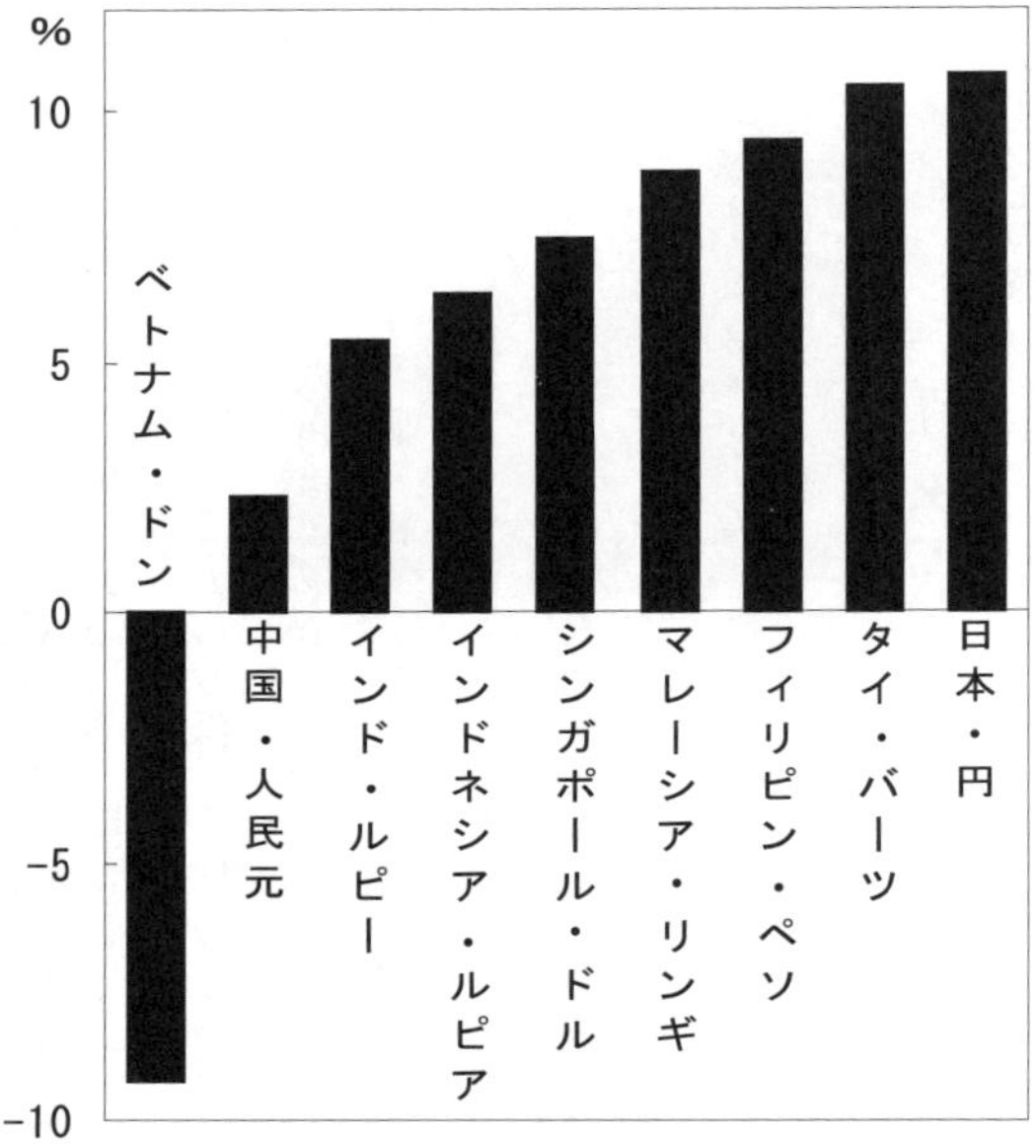

国名・通貨	上昇幅（%）
ベトナム・ドン	− 9.2
中国・人民元	2.3
インド・ルピー	5.5
インドネシア・ルピア	6.4
シンガポール・ドル	7.5
マレーシア・リンギ	8.8
フィリピン・ペソ	9.7
タイ・バーツ	10.5
日本・円	10.7

2009年11月初めから2010年10月末までの1年間の対米ドル上昇幅%

ている。だが、アジア通貨も、ドルに対して上昇している。次ページの図を見ていただきたい。これは過去一年間の米ドルに対する値上がり率(%)をアジアの主要通貨で表示したものだ。日本では確かに円高(ドル安)が進んだが、アジア通貨も、大なり小なりドルに対して上昇している。ベトナム・ドン以外はすべて上がっている。

長期で見ると、先進国を追いかける新興国の通貨は必ず切りあがるという法則がある。円がそうだったし、現在の人民元がそうだ。

では、なぜ日本では円高不況と言われるのに、アジア各国の経済は高成長が続くのか。それは、経済が成長しているため、通貨高を吸収する余力があるからだ。例えばタイのバーツは過去一年間で一〇%もドルに対して上昇したが、二〇一〇年は七%前後の成長を達成しそうだ。さらにタイの金融当局は二〇一一年についてバーツがドルに対して切り上がっても、年間五%程度のレベルなら吸収できるだろうと見ている。

日本企業の中にはアジアに出れば、ドル安の影響から逃れられるのではないかという経営者がいるかもしれないが、それは幻想だ。どうしてもアジア通貨は切り上がっていく。だから人件費を含めた生産コストは、どこに拠点を置いても、あるレベルまでは上がっていく。その前提でアジアのどこにどんなビジネスを展開していくかが、問われている。

❺劣化が進行する「ものづくり大国」

最後に日本で進むものづくりの劣化という点についても述べておきたい。これまで日本は、世界に冠たるものづくり大国と言われてきた。それは一面ではまだ事実だが、この「金看板」があやしくなる現象が起こっている。

日本では、ハイレベルの先端工場がいくつもある。日本企業のものづくりをリードしている最高レベルの工場だ。こうした生産現場で劣化が起きているわけではない。しかし、普通の町工場での品質劣化が静かに進行している。それは海外で生産している工場で、日本から取り寄せた部品の品質からわかる。これまで最高レベルにあると思っていた日本製の部品に問題が出てきている。

多くの町工場では、今、技能労働者の高齢化と収益の悪化、経営者の気力の減退などの問題が複合的に起きている。生産性も伸びていない。日本国内の中でこれを解決する有効な手立てはいまのところない。

さらに、アジア各国間の関税が下がった結果、日本から部品を取り寄せたのでは、物流コストがかかりすぎて、採算に乗らないという問題も起こっている。このため、アジアに拠点を持ち、アジアで動いていないとソロバンに合わない事態が進みつつある。

一方で、人的なインフラを含めてアジア各国のものづくりのレベルはどんどん改善されている。ある大手メーカーでは、部品を発注する際、「あなたの会社はアジアに進出しているか」と聞いてくる。それが「最低条件」という大手メーカーも出てきた。どんな形にせよ、アジアに足がかりを持っていることは、これからの企業経営を考える上で、きわめて大切な要素になっている。

２　アジア・ビジネスで失敗しないために

❶頭のチャンネルを切り替える

アジアに出ていって失敗しないためには重要なポイントが三つある。まず一つ目は頭のチャンネルを切り替えることだ。日本国内でのビジネスモードだけだと、アジアでは通用しない。

このことで、私（増田）の印象に残った二つのちょっとしたエピソードを紹介したい。

中国東北部の都市長春から飛行機で帰ってくる際、空港に三〇歳前後の中国人女性と乳飲み子、彼女の母親という三人連れがいた。カバン六つを持っている。見たところ七〇キロぐらいはありそうだ。そのうちの半分三個は彼女が持ち、残り三個だけでチェックイン手続きを終えた。しかし、手荷物二個二〇キロ以上は無料では機内に持ち込めない。案の定、空港内に入ろうとすると、空港係員が入るのをとめた。

ところがこの女性は、そのとがめた係官に向かって目をつりあげ、強い口調の中国語でまくしたて、荷物を持ってどんどん歩いていってしまった。これには係官も臆してしまい、なにも言えなかった。

このやりとりを見ていた私が機内に乗り込むと、偶然、私の前の座席に一行が座っていた。私は、前の席にこんなキツい女性ではイヤだなぁと思っていた。ところが、名古屋空港についてふと見ると、彼女は長春の空港の出来事からは想像もできないように温和な、まさに大和撫子に変わっていた。

この女性は、中国と日本とでは、完全に頭のチャンネルを切り替えている。中国においては大和撫子では通用せず、日本では空港職員に罵声を浴びせていては通用しない。

もう一つ中国沿岸部で、日系電線関連メーカーの現地小会社の日本人総経理（社長）が取ったある行動を紹介しよう。

その電線関連メーカーは、これまで輸出中心でやってきたが、ご他聞にもれず中国内需向け販売が伸びてきた。中国では、物品の販売には「増値税」（基本一七％）がかかる。この会社では、在庫を輸出用と内需用に棚分けして管理していたのだが、多忙な業務の中で十分な在庫の仕分け管理ができなかった。

そこを当地の税務署に指摘され、二億円の増値税の納税通知書が来た。総経理はさっそく税務署長のところに出かけた。税務署長の部屋に入ると、彼はこう切り出した。

「突然、こんなものが送られてきました。これでは私はもう会社を辞めるし、大連も去ります。本社の社長に報告しますが、厳しい方だからおそらく工場は引き上げると思いますよ。我々もお別れですね」

すると、その税務署長はさっと顔色が変わった。

「まぁ、そう言わずに。ゆっくり話し合いましょう。話し合って解決しないことはありませんから」

話し合いの結果、二億円の税金は、なんと一〇分の一の二〇〇〇万円になった。この納税通知書でこの会社の様子を見たのである。

これら二つのケースから言えるのは、現地に行ったら頭のチャンネルを切り替え、その国のビジネスリズムにつき合う必要があるということである。

中国だけでなく、タイにはタイなりの、またインドにはインドなりの対応のしかたがある。そのチャンネル切り替えをせず、日本式のチャンネルだけで対応したのでは、アジアビジネスはリスクが高い。

アジアに出ると、日本語で議論をしても喧嘩にならないが、中国語や英語で議論をすると、喧嘩になりやすい。日本人はそれだけ、温和な国民だということになるが、この日本式の交渉方法だと海外では相手に呑み込まれる。チャンネルの切り替え、巧みな演技力、交渉力が必要とされる。

❷今、何時かを常に考えて行動

アジアに出た場合に重要な二つ目のポイントは、「今、何時なのか」を常に考えながら行動することである。これは、社会の発展過程から見た比喩的な時間のことである。

アジアの国々を見る場合、その国の一人当たりGDPという指標を見るとわかりやすい。一人当たりGDPが二〇〇〜三〇〇ドルから始まって、一〇〇〇ドル、三〇〇〇〜五〇〇〇ドル、そして一万ドルを超えていくと、人々の衣食住が変わるだけでなく、行動パターンも思考方法も変わってくる。「衣食足りて礼節を知る」という言葉があるが、この変化を時間に喩えて、いつも頭の中で考えるクセをつけるといい。

重慶で私はホテルの自分の部屋のテーブルに取材先のおみやげ用として持参した日本のビジネス誌を三冊置きっぱなしにして外出してしまった。上海などの沿岸部にいるのと同じつもりだったのである。

ホテルのメイド嬢の給料が月二万円。日本のビジネス雑誌は市場に出すと一冊一五〇〇円、三冊で四五〇〇円近くになる。これは日本に置き換えると、二〇万円の給料をもらっている人の前に現金約五万円が置かれていることを意味する。雑誌がなくなったと騒ぐ前に、このことを心に留めるべきだった。

同じ中国でも、上海や北京であればこのようなことはない。広い中国では、地域によって発展度合いが異なる。そういう問題を起こさないために、ホテルではすべてをしまって出かける、同時に「今、何時なのか」を常に考えておく必要がある。

二五年前のバンコクやジャカルタなら出かける時、ホテルの部屋を出る際には、カバンに荷物をすべて入れて鍵をかけ、なおかつ自転車のチェーンロックで柱にくくりつけて出かけるのが常識だった。今はそんなことはないが、当時はものがなくなることは当たり前だった。そして紛失を申し出れば、担当のメイドはクビになった。

このように旅行でもビジネスでの進出でも、アジアのその地が「今、何時なのか」を考えながら行動することは個人の行動でもビジネスの上でもきわめて大切だ。

❸大切な「身の丈進出」

アジアに出る場合の第三のポイントは、地域を決めて、小さく出発することだ。最初から中国全土の全国展開などといったハイリスク・ハイリターンは狙わないほうがいい。特に中小企業には身の丈に合った「下駄履き進出」をお勧めしたい。投資資金もできるだけ小さく、身の丈に合った可能な範囲で、まず進出してみることだ。

同時に、最先端のビジネスを最初から手がけないほうが懸命だ。

例えば日本のアパレルメーカーA社は、中国にファッションビルを建設した。日本でデザインされた流行の衣類は中国女性のあこがれも強かったので、ビジネスになると踏んだのだろう。最初は大いに当てた。それに気を良くして、全国各地に店を作った。しかしその後は、期待に反して売り上げは伸びなかった。

最先端ファッションは、変化が激しい。最先端の動きについていけなかったり、方向性が異なると、さっぱり売れないという結果になる。しかも、同社は中国全土に同じような業態を展開していたから、赤字がかさんだ。結果として、いくつかの地点から撤退せざるをえなかった。

この三点で大きなミスをしなければ、決定的な失敗はまず防げると思う。

❹国別の法律には注意しよう

さらに、アジアの国によっては、独自の法律があり、これにも気をつける必要がある。例えば中国では、現地で会社設立の時に登記した業種以外への業態変更ができないケースがある。最近増えたのが、テレビのブラウン管工場の業態転換問題だ。中国でもブラウン管の需要が減ってきた。そこで、ブラウン管工場を薄型テレビの工場に業態転換できれば問題はないのだが中国ではこれが許可されない。

中国ではいまだに計画経済という側面も強く、政府が経済状況を把握しやすいように、届け出以外の業種への業態転換はできないことになっている。ブラウン管工場の社員をそのまま隣村に新設する液晶テレビ工場の社員として連れていくということが現実にはなかなか難しい。

雇用問題がからんだストライキになってくる。

設立の時に、本業の自動車部品製造に加えて、ビジネスコンサルタント、広告宣伝、不動産売買、それにレストラン経営などと加えておくのは中小企業のオーナーで、一般的に大手企業はこういうことは、メンツもあってあまりしたがらない。しかし、時代の変化に柔軟に対応するためには、製品の幅やサービス業まで含めた届け出をしておくほうがいい。

これに加えて、中国の場合は、どこの地域に出るのかも重要なポイントである。沿岸部の大連、青島や上海地区は相対的に日本企業に好意的だ。しかし、西部の都市になると、日本企業をあまり知らないこともあって、トラブルになるケースも多い。これは弁護士の訴訟件数からわかる。日本企業が抱える案件を地域的に見ると、西部の都市のほうが圧倒的に多くなっている。

ただし、西部はいいパートナーにめぐり遭えれば、競争相手が少ない分、リターンも多くなる。一概には言えないが、どこに進出するかは慎重に決めたほうがいい。

❺最も大事なのはパートナー選び

パートナーの問題にも触れておきたい。アジアでビジネスを始めるなら、どんなパートナーと組むかはとても大切なことである。極論すれば「いいパートナーにめぐり合えるまで、ビジネスを始めなくてもいい」と言ってもいい。

アジアビジネスは、一にも二にも組むパートナーによって左右される可能性が高い。アジアの企業家は多くが豊かになっていて、日本人をだまして儲けようという人、短期的視点で商売を考える人は昔から比べると格段に少なくなっている。しかし、人には相性というものがある。パートナーはじっくり選ぶべきである。この人なら、という相手が見つかるまでは、ビジネスを始めなくともいい。そのぐらいにゆったり構えたほうがいい。

その点で、自分の会社に向いている場所とパートナーを探すために、じっくりアジアを探索されることをお勧めしたい。自分で旅するもよし、商工会議所のツアーに参加されるもよし。アジア旅行は、場合によると、東京から北海道や九州に出かけるよりも割安で旅行できるケースも少なくない。ぜひ、ご自分の足でアジアを回ってご覧になったらどうだろうか。必ず新しい発見があるはずだ。これからアジア投資で重点的にかけるべき費用は、旅費、セミナー代、書籍代などの前工程の経費である。

❻日本国内で進む二極化現象

最後に、「国内にとどまるリスク」についてもお話ししたい。アジアに進出しないリスクである。現在、アジアに進出していない企業全体を一〇〇とすると、今回のアジアブームでアジア進出に向け具体的な行動を起こす会社は約一割程度だろう。一方で、それでも動かない九割の企業がある。

この九割は、アジアに興味がないと考えられる。アジアに出ていかなくとも食えるという自負があるのかもしれない。例えば、所有するビルやマンションなどの家賃収入で、社員の給与は十分まかなえるという企業は意外に多い。さらに、アジアに出ていく企業、あるいは廃業する企業が増えると、残存者利益で、国内市場で生き残れるという側面もあるだろう。

こういう会社は、アジア進出のインセンティブが働きにくい。一人の社員がいくらアジア進出の有利さを説いても、相手にされないかもしれない。しかし、国内市場だけを相手にしていると、待っているのは縮小均衡だ。静かな衰退の道に進む可能性がある。この二極化はどんどん進むだろう。

かつてオランダやイギリスなど繁栄した国々の歴史を見ると、一部の内需産業を除けば、海外に出ていった企業が結局は成長している。読者の皆さんにはぜひ「アジアに出ないリスク」も考えていただきたいのだ。

もちろんアジアに出て失敗したという事例は、いろいろなところで見聞きされているだろう。

「パートナーにだまされるのではないか」

「許可はすぐ下りるか」

「現地の従業員は日本企業のやり方を理解できるか…」

考え出すときりがないくらいに、リスク要因はある。だが、どこかで可能性に賭ける行動も必要になる。

日本企業が「アジアに出ないリスク」は、確実に存在するのだが、まだ現実問題として目の当たりにすることはできないから、どうしてもこちらのリスクは軽視されやすい面がある。いつまでも日本的経営モデルに固執しないで柔軟に行動する必要がある。

しかし、アジアの成長がかなり明確に見えてきて、なおかつビジネスインフラも整ってきた今は、売り上げの五%でも一〇%でもいいから、アジアでビジネスを始めるいいチャンスではないだろうか。

それに、アジアの企業が豊かになっており、先日中国に進出した自動車部品の会社は、会社設立三ヵ月で北京、天津、広州の工場を操業させた。しかも家賃、電気代が無料というのだ。よく話を聞いてみると、パートナーがすべてを貸してくれて、ワーカーの働いた実費と電話代だけの負担でスタートできたとのことである。前工程をきちんとやれば、こんなローリスクハイリターンも可能である。ちなみにこの会社の初年度の売り上げは五億円の予定である。

3　変化を続ける中国──驚きの12連発

中国に調査に出ると、毎回、驚かされることが多い。

中国は多様な顔を持っている。今後の世界経済をリードする経済力という切り口もある。一方で、中国共産党が支配し、政治的な活動にはさまざまな制約があり、コネと賄賂で成り立つ後進国だという側面もある。中国というと、どちらかの一面からだけ報道されるケースが多い。

だが、現実の中国は明と暗、静と動、すばらしい面とアジア的な後進性の両面を持つ国だという「複眼的な理解」が必要になっている。

その複眼的な理解があれば、過剰な期待や行き過ぎた悲観から逃れられるにちがいない。

今回、私が中国各地で出会ったさまざまな事例を「最新の驚き報告」としてまとめてみた。

希望に満ちた側面と、問題がある負の側面の両方が詰まっていることを確認する意味でお読みいただきたい。

❶エリートは買い手市場

まず中国の労働市場だが、超買い手市場になっている。例えば北京にある日系人材紹介会社が、最近、次のような募集を行なった。

「日本語検定一級、英語が普通に話せて、営業経験がある人」
「日本語検定一級、英語が普通に話せて、物流業務に経験のある人」

中国の場合、こうした厳しい条件で一名を募集したとしても一五人ぐらいがすぐに集まる。どんなに厳しい条件をつけても、それに見合う人材が集まるという。日本は厳しい就職戦線と言われるが、それでも大卒の八割は就職できる。中国の場合、日本では信じられない「買い手市場」なのである。

❷唐家嶺のフリーター村

中国の温家宝首相が、最近「中国の失業者は二億人」と表明して、世界に衝撃を与えたが、実際、就職難は特に大卒者で顕著である。中国では、毎年、専門学校を含めて八〇〇万人が卒業するが、そのうちの一五〇〇万人を上回る学生が就職できない。就職先が見つからないので、留年する若者も多い。大卒者の就職率はこの数年、七割前後である。

ただし、大学というイメージは日本と中国では大きく異なる。中国では大学の供給力がケタ外れに大きい。大学が複数集まった大学団地が主要都市にある。キャンパス内には寄宿舎のほか、大きな食堂や大型スーパーのような売店まである。

大学で学ぶ彼らの目は真剣である。かつての日本を思わせる光景がそこにはある。就職難という厳しい環境にあるため、中国の若者はよく勉強するが、自分の専門分野以外に、日本語や英語、韓国・朝鮮語を学ぶなど、自らの能力を磨いている学生が多い。

「日本だって就職難であり、中国のそれと状況はそんなに違わないのではないか」と思われるかもしれない。

しかし、分母が大きいだけに、社会問題としての深刻さは日本以上だ。これが毎年繰り返される。北京の郊外に唐家嶺という村がある。かつては人口三〇〇〇人と言われた村が、いまやフリーター五万人が暮らす「フリーター村」になっている。北京大学や精華大学のような有名大学でも深刻な就職難の例外ではない。

就職難の背景を考えると、そこには若者の就職観の違いがある。日本では、大卒であってもコンビニやスーパー、あるいは工場の現場に配属されるケースが少なくない。大学が大衆化していると言ってもいい。

しかし、中国の若者たちには、大卒はあくまで社会のエリートだという自負がある。また、進学率を考えると北京や上海などの都市部こそ八割を超えているが、地方に行くとまだまだ少数派である。彼らにはブルーワーカーとして就職するという考えは念頭にない。

さらに、北京や上海では就職に際して地元戸籍がある若者を優先的に採用する傾向があるため、地方出身者には余計に厳しい就職戦線となっている。

一方では、若者の起業熱は盛んで、大学側もこうした学生を支援しようという動きを強めている。

❸深刻なブルーワーカー不足

学生の就職難が深刻化する一方で、一般ブルーワーカーの不足が深刻化している。二〇〇九年の初めごろ、広東省などでは失業者が街にあふれ、彼らが故郷に戻ろうとする映像が連日テレビで報道されていたのとは大違いの現象で、その様変わりぶりには驚かされる。

雇用環境が一八〇度変わった背景には、中国政府による迅速な景気テコ入れ策の実行がある。中国政府は二〇〇八年一一月に、二〇一〇年末までに内需を拡大させるため二年間で総額約五五兆円の公共投資を決めた。その効果が現れている。

道路建設や鉄道建設が建設され、マンション建設も進んでいる。一方で、インフラ整備に大量の資材が必要となり、関連メーカーの稼働率が上がるなど、内陸部まで全国的な建設ブームが巻き起こっている。交通事情がよくなったことから、日本から中国に出かける場合、飛行機と車を乗り継いで一日で行けないところはまずなくなった。

一方、新労働契約法が制定され労働者の権利が拡大している。結果として今後の労働コスト上昇が予想されている。こうした中で、沿岸部の労働コストが上がっていること、政府が所得減税などを活用して工場の内陸部への移転をうながしていることもあって、さまざまな生産拠点が内陸部に移転する動きが加速しており、ブルーワーカーの需要は中国全土で高まっている。

農民戸籍(農民工)の労働者が、上海地区、広州地区からそれぞれ、おおむね七〇〇万人が消えた。そのため沿岸部の縫製工場など、労働集約産業を中心に人集めでは苦労している。広東省の場合では、ワーカーがなかなか集まらないために、「宿舎費用・食事代無料、春節(中国の正月)時には故郷まで無料バスで送り届けます」という条件や、「映画館・フィットネスクラブの利用無料」という条件を付けた募集もある。まさに超売り手市場なのである。

地方の公共投資も動きだし、内陸部でも月一五〇〇元の給与なら、たとえ上海で三〇〇〇元出ることがわかっても、物価の高い沿岸部より、内陸部で仕事に就きたいという労働者が増えてきた。中国全体でワーカーの雇用は改善している。

一方で、数千人規模でワーカーを常に確保することが難しいことから、大手企業の中には、多数の中小・零細工場を指導して生産量を確保するという動きも拡大している。

❹公園はお見合い広場

大連にある労働公園の入り口付近が「お見合い広場」になっている。両親と思われる中高年が一〇〇〇人ぐらい、日がな一日そこにいて、樹木やボードに適齢期にある息子や娘の年齢、学歴、勤め先、年収などを書き込んだ紙を張り付け、道行く人と情報交換をするのだ。かなりの高学歴や高収入の人まで含まれていた。

ちなみに結婚を希望する本人がそこにいるわけではない。しかも大連だけが特別ではなく、中国の主要都市には同じようなお見合い広場がある。

なぜ、中国にお見合い広場があるのだろうか。それは、中国がいまだに家と家の結びつきを大事にする血縁社会だからだ。若夫婦は、両親と暮らし、また面倒を見ることが当たりまえの社会である。もちろん両親もよく孫の面倒を見る。だからこそ、息子や娘を持つ中高年にとって、子供の結婚がそのまま、自分たちの老後の暮らし向きに直結する。

そこで、お見合い広場で両親が率先して結婚相手を探すことになる。

ネット社会と言われる昨今だが、若い息子や娘を持つ両親が躍起になって結婚相手を探している姿は、日本人にとってはやはり異様な光景である。中国では民間の結婚相談所もあるのだが、お見合い広場での成約率は意外に高いのだという。

私(増田)も一度、大連で行なわれた結婚式に呼ばれたことがあるが、かなり遠縁のものまで呼んで二〇〇〜三〇〇人は集まっていた。血縁を大切にする社会であることがよくわかる。

❺日本便よりアジア相互の便が増える

二〇〇九年三月、リーマンショックの余韻がさめやらないころ、上海虹橋空港近くにあるチケット販売店に行ったが、その販売価格を見て驚かされた。エコノミークラスの成田行きが九〇〇〇元(約一万二〇〇〇円)であるのに対して、台北行きが二四〇〇〇元(三万円)、香港行きが一四〇〇〇元(一万七五〇〇円)となっているではないか。

チケット販売の基準は、需要のあるところは高く、反対に需要の少ないところは安くなる。距離ではなく、その需給で決まっており、台北行きの需要は成田行きの二・五倍以上だったのである。当時、日本企業の中には海外出張を禁止する会社もあって、上海・成田間はかなり需要が減っていたが、それを割り引いても、香港行きが成田行きの一・五倍以上、台北行きは二・五倍以上高いということは、それだけ当時は香港行きや台北行きの需要が高かったことを意味していた。

この現象は、バンコクでも同様であり、バンコクからシンガポール行きと成田行きの航空チケットを比べると、シンガポール行きのほうが高い。多くの日本人は、日本は豊かでアジアは貧しいから、日本便のほうがアジアの他国への便よりも安いと考えてきただろう。しかし、航空チケットの世界では、需要の多寡で価格が決まっている。

このように、これまで日本人がアジアに対して持っていた固定観念がくつがえされることが、他の分野でもどんどん起こっている。

たとえば、観光のことがある。現在、台湾から中国を訪れる観光客は年間五〇〇万人である。台湾の人口二三〇〇万人だから人口の二二%が中国に旅行に行っていることになる（一方、中国から台湾を訪れる観光客は年間一〇〇万人を上回る）。

一方、日本を訪れる中国人観光客は約一四一万人（二〇一一年は一八〇万人の見込み）で、中国の総人口一三億人からすると〇・一%にすぎない。だが、五%が日本を訪れるとすると六五〇〇万人、一〇%では一億三〇〇〇万人という巨大な人数になる。中国が先進国並みの豊さを手にするのは時間の問題である。その時、日本には中国を筆頭にアジアからたくさんの観光客が訪れる可能性がある。

❻中国本土にある「台湾博物館」

福建省泉州市に「台湾博物館」という施設がある。中国本土に台湾博物館とは、ちょっと奇異な感じがするが、この博物館を訪ねて驚いた。

同博物館は台湾政府の関連機関が運営しているもので、入り口を入ると、川が流れていて、その川のほとりに蒋介石と蒋経国の大きな写真が飾られている。博物館の中は、これまでの中国と台湾の交流の歴史が展示されている。さらに、備えつけのテレビは台湾のテレビ放送を流している。ここは中国本土であることを、しばし忘れさせてしまうほどだ。

さらに驚かされるのは、この台湾博物館には近隣の中学生や高校生が観光バスでどんどん訪れていたことだ。遠足コースに入っているようだ。

この人気ぶりを見ていて思い出したことがある。一九九六年当時、李登輝が台湾総統に就任した際には、台湾独立を狙っているとの判断から、中国の人民解放軍は台湾海域に向けて盛んにミサイルを打ち込んだ。さぞ、現地の緊張は高まっているだろうと思われた。ところが、中国側の厦門《アモイ》の港に行ったところ、厦門から目と鼻の先にある、台湾が実効支配する福建省の金門島行きフェリーが一時間おきに出港しているだけでなく、金門島を経由した台湾行き三泊四日のパック旅行を売り出してではないか。しかもパック料金に一〇％安い軍人割引があることを発見して、飛び上がるほど驚いた。

帰国してから台湾の知人に調査を頼んだら、当時の台湾には短期滞在で三〇万人、長期滞在で二万人の中国人がいた。その中には公務員、軍人の滞在もあった。表舞台の政治的緊張とは別に、中国と台湾の政府レベル、市民レベルの交流は続いていたのである。中国と台湾は、「限りなく相互を活用する関係」にあるということだ。そのことを思い出させてくれた台湾博物館だった。中国人、台湾人の巧みでしかも実用的な側面を見なければならない。

❼一杯五七万円のプーアール茶

雲南省昆明市郊外、湯池村の湖、陽宗海のほとりにある高級リゾートの茶館に入った時のことである。一番安いプーアール茶「東方美人」が一杯四八〇元(約六〇〇〇円)であった。さらに驚くべきことは、最高級のプーアール茶「間宣郷園茶」は、なんと四万六〇〇〇元(約五七万五〇〇〇円)である。

日本では、高級ホテルで提供されるコーヒーでも一〇〇〇円台が上限であり、一杯二〇〇〇円を超えるコーヒーにお目にかかることはまずない。

私がこの茶館に入ろうとしたところ、ボーイに止められた。「やめたほうがいい」ということだ。ホテルそのものも高級である。すべてが一戸建てのヴィラは一泊一五万円が最低で、最高級の部屋は一泊一五〇万円というから驚きだ。その部屋に入ってみると、窓の外の草原には風がそよぎ、花畑が広がっている。人家は見えず、まさに天国の景色なのである。どのヴィラにもプールと、バーベキューをする庭がある。もちろん広いから隣のヴィラなどは見えない。しかも、バトラーと呼ばれる美人の執事がヴィラごとについて身のまわりの世話をしてくれるほか、フランス料理、中華料理などさまざまな高級料理に腕をふるうシェフが何人もいて、希望すればヴィラごとにシェフがつく。またホテルのレストランも一品一万円というレベルである。

このほか、高級アロママッサージもあり、一番安いコースで九〇分九八〇元(一万二二〇〇円)である。

こういう茶館やホテルが存在し、そこに需要があることに驚かされた。接待用高級リゾートだということになっているが、日本には存在しないし、市場としてまず成り立たないだろう。日本人にはこのような超高級サービスを利用する習慣も能力もあまりない。

このホテルでは日本人向けを意識して、中級クラスの一泊八万円のリゾートヴィラをオープンさせたばかりだ。いま中国では、この手の高級リゾートが各地に出現している。

❽中国版八つ墓村の副村長希望者

これは中国東北部のある村で起こった実話である。村長の下にいる六人の副村長が次々に殺害されるか重傷を負うという事件が発生した。私はこの村の事情に詳しい、ある企業関係者から話を聞くことができた。

発展著しい中国では、公共投資、工業団地の建設、出店など、さまざまな分野で許認可が発生し、そこに賄賂が生まれる。大都市近郊のこの村では村長ではなく副村長が許認可の権限を持っており、彼らが企業側に相場よりもかなり過大な賄賂を要求した。これで相当な恨みを買った。サラリーマン社長が多い日本とは異なり、中国や台湾などではオーナー型企業が多いので、それはそのままオーナーの収入、利益が減ることを意味する。当然、恨みを買うことになるわけだが、担当する副村長六人がことごとく死傷事件に巻き込まれるというのは前代未聞だ。

私は、この企業関係者に「こんな事件が続くと、副村長のなり手がないでしょうね？」と言った。

ところが、返ってきた答えは意外だった。

「いえいえ、次は俺の番だとばかりに副村長になりたいという村の職員が後を絶ちません」

これが、中国人の生き方なのである。

日本人には、「清貧」に憧れるメンタリティもある。平安時代から鎌倉時代初期に、世を捨て生きた歌人西行に代表されるような「無私無欲」の精神を尊重する気風もある。しかし、中国では、「お金があってこその命」という精神が脈々と息づいている。人生観が異なるのだ。もちろん、賄賂が正当化されるわけではないが、彼らの「金がなく命を長らえても仕方がない。お金があってこその命」という、その行動力とエネルギーには、驚かされる。

なお、中国に進出する場合に、日本企業がこのような人の命にかかわるような多額の賄賂を要求されることは、まずない。多額の賄賂とは、住宅団地、工業団地の開発やオフィスビルの建設など民間企業側が特別な配慮をお願いすることから発生するものだ。そのような許認可がらみの事業は、日本企業にはもともと少ない。また、世代的にも三〇歳代の担当者では、相手の自治体関係者が賄賂のサインを出しても、それと気づかないだろう。

実は、中国の場合、挨拶代わりに各種のプリペイドカードを配るぐらいのことは、社会的に認知されている。それに対し、日本の常識を現地に持ち込み、「ものを贈るのはよろしくない」

「プリペイドカードを要求された」と言って、目くじらを立てて怒るビジネスマンもいる。

だが、日本企業は、中国をもの作りの拠点から、内需に着目した販売市場として力を入れようとしている。また中小企業にとっても、パン屋からクリーニング店経営まで、さまざまなサービス業での中国進出が期待されている。もの作りからサービス業への展開となると、小なりとはいえ各地域の許認可問題に直面する。その意味では、まず相手を知る必要があることを忘れてはいけない。

❾ぐんと伸びた中国の内需

青島では、日本製の飲食関連の売れ行きが好調だ。まず、牛乳である。アサヒビールと伊藤忠商事が合併でオーストラリアとニュージーランドから乳牛数百頭を持ち込み、自然農法で育てた。そこから取れた成分無調整牛乳は「唯品純牛乳《ウェイピン》」として、市販牛乳の倍の一本当たり二〇元強(三〇〇円弱)で売られているが、これが実によく売れている。

中国では、メラミン入りの粉ミルクが幼児の健康に悪影響を与えると問題になり、幼児を持つ親たちは安全な牛乳を求めていたという事情がある。大衆食品の一つである牛乳が、倍の値段で売れている。品質が良く、安全なものならば、高くても売れる市場が、現在の中国にはあるのだ。同じ大衆飲料といっても、ビールのような嗜好性の強いものでは、価格が倍違うと売れない。

また、青島市で二店舗だけ営業している「フランソワ」の青島店にパンを買いに出かけてみた。平日にもかかわらず、既に一〇人以上が店のレジ前に並んでいる。おいしいパンを求めて、中国人たちが行列を作っている。これは、もう日本となんら変わらない光景である。

菓子パンから、調理パン、食パンなどたいていのパンがそろっているが、この店の特徴は作りたてのおいしいパンを買えることだ。

私の前にいたおばさんが、自分がほしいパンがなくなっていることに気がついた。

「私のほしいパンがないじゃないの」

店員がすぐに飛んできた。

「いま、作っていますから。もうちょっと待ってくださいね」

おばさんは、納得したようだった。作りたてを出すからおいしい。それですぐに売れる。この好循環がフランソワの好調さを支えている。私も買って食べたが、作りたてなので本当に日本よりもずっとおいしかった。

フランソワは、福岡に本社があるパン製造・卸企業で、卸先は、九州を中心に山口県内を含めて一六〇〇店(二〇〇四年五月現在)に及ぶ。スーパー内直営店も約五〇店舗になる。フランソワは、中国では青島に一店舗と、同じ青島市の黄島区にもう一店舗の計二店舗だけ営業している。

このため、青島地区に限れば、きわめて有利な経営環境にある。揚子江から北の地域は一般的にサービス業の許認可を取ることが簡単ではない。見えない規制がある。小さな店でも、一度許可をもらい出店すれば、有利な条件となることは間違いない。

⑩中国で「鳴くまで待つ」日本企業

同様に青島で、名古屋に本社がある近藤紡績所が進出している。日本では「紡績」といえば、構造不況業種だが、中国などアジアに出ると成長産業になる。

そして、もう一つの元気の秘密は、同社の不動産戦略にあるのではないのか。

近藤紡績所は、明治期に創業し、株式会社組織となったのが大正年代の一九一七年のことで、名古屋では老舗の紡績会社だ。同社は、採算の合わない工場の操業を止めざるをえなかったが、跡地は売却することなく、そこにインテリジェントビル、マンション、ゴルフ場などを建設してきた。場所は名古屋、豊橋、浜松など市街の一等地にある優良物件だ。保有する施設の中には、大手スーパーが入居しているものやスポーツ施設も含まれている。未上場企業なため、部門別の収益は未公表だが、名古屋では不動産開発が得意な企業として有名である。自己資本が充実しているので、株式を上場して市場から資本調達する必要がない会社なのだ。

同社は、都市化が進む中国の青島中心部で一万五〇〇〇坪の広大な工場用地を持っている。現地の会社は合弁で、九七％を近藤紡績所が、残り三％を現地中国のパートナー企業が持っている。三％だけ残しているところがみそだ。

近藤紡績所は青島で、長期で不動産開発を狙っているのではないかと私は見ている。同社は、日本国内では高い不動産開発と運用の実績とノウハウがある。もう工場のそばまで都市開発が進んでいる。青島の市政府が、不動産の有効利用の観点から、全部ではないにしろ、工場移転と不動産投資の話を言ってくるのを待っているのだろう。

普通、中国で工場の場所を都市開発のために買い上げたいという場合、地元自治体は移転先の工場用地と引っ越し費用を負担するのが通例だ。だが、移転するだけでは、そのままで終わってしまう。

近藤紡績所は、日本国内で多数の不動産開発の実績があるから、もしそのような場合になったら、実績とノウハウを自治体側にアピールするだろう。しかし、中国の交渉は実績だけでは決まらない。中国式のタフな交渉が必要になるし、そのためのノウハウも必要だ。その際、日本企業の完全子会社では立場が弱い。むしろ現地のパートナー企業の存在が重要になる。

「今回の開発には、当社も一枚かませていただけませんか」という提案と交渉は、現地のパートナー企業がいると、がぜんやりやすくなる。そういう意味合いもあって、この三%のパートナー企業を残してあるのではないだろうか。深読みかもしれないが、私はそう考えている。

ただし、この経営戦略が現実化して利益につながるのには時間がかかる。場合によると、まだ一〇年先かもしれない。だから本業がしっかりしていないと、「一枚かむ」ことができない。

しかし、実質無借金で、川上の綿紡績から川下の子供服や不動産開発まで手がけ、黒字経営を続けている近藤紡績所なら、それができる。海外を含めた近藤紡績所の売り上げは約三〇〇億円前後ある。早くても結構、遅くなっても支障なし。これができる強みがある。

まさに、量より質を求める合理的でかつ長期を見据えた経営に、私はとても驚いた。

⓫中国の内需に合わせた製品づくり

次に青島で驚いたのは、靴メーカーブランドのカバンをアパレルメーカーが作っていることだ。中国では、考えられるさまざまな組み合わせが可能なのだと実感させられる。

さまざまな製品の検品をしてくれる「検品会社」は、中国では日本人経営の企業が多い。日本人の厳密な検査や信頼感が、ブランドとして定着しているためだろう。

その検品会社を取材すると、日本の靴大手のリーガル・ブランドでカバンが作られていて、それを実際にはアパレルメーカーのオンワード樫山が作っていることがわかった。靴作りとカバン作りは、皮革を細工するという点では似ている面がある。これを裁縫技術のあるオンワード樫山が実際に作っているようだ。

こういうビジネスが定着しているということは、中国に出たら、日本国内の事業領域だけにこだわっていてはいけない、自社の得意ノウハウをよく考えて活用できる新分野で常にチャレンジしていく姿勢が必要だということだろう。

さらに内需の時代で、中国企業が変わったと実感させられる話がある。山東省はもともと木工の盛んな土地がらだが、煙台のある家具メーカーの総経理は日本に帰化した中国人で、日本にも多くの人脈がある。これまでは、日本市場向けに家具を作り、建売住宅にすえつける家具などとして日本に輸出してきた。原木はロシア産が多く、中国で加工し、日本に供給するということで、日本で使う家具も、国際的なバリューチェーンになっている。

しかし、二〇〇九年の日本の新規住宅着工件数は七九万戸という状況だった。コストが安いからといって中国で作って日本に持ち込んでも、市場が縮小する時代に突入している。この家具メーカーは、中国国内向けを重視する経営に戦略を転換しようとした。

そこで調査した結果わかったのは、中国国内向けの家具と日本向けは同じではだめだということだ。日本向けはスペースの問題もあるのだろうが、全体的にデザインは地味だ。ところが、中国人は、やや大ぶりで派手なデザインの家具を好む傾向がある。

「このデザインの違いを出すのが、なかなか難しい」と同社の総経理は言う。同社では、大連と煙台の二ヵ所に常設展示場を設けており、今後、中国市場向けの家具を増やしていく方針だ。

中国で安く作って日本に持ち込めば売れるという時代が既に過去のものとなりつつあることを実感させられる。

⑫大連のストライキの実態

さらにびっくりしたのは、大連のストライキである。

大連の技術経済開発区には、日本企業が多い。二〇一〇年の七月以降になってから、大連の日本企業の八割で、賃上げのストライキがあった。この話は、大連の工場で働く関係者からの情報に基づくもので、日本のマスコミ、政府機関などいずれも口裏を合わせたように沈黙を守っている。

現地の事情に詳しいある日本企業のトップにこの話をしたところ、「そんなことは、起こりっこない」と言下に否定されてしまった。実は、こういう見方が出てくるのも、やむをえないところがある。

中国の場合、三月に労使交渉が妥結して、四月にはその年の最低賃金が決まる。五月以降に、賃上げをする名目をなくしてしまう。だが、大連市の賃金水準をあまり高くしないという所得政策により、二〇一〇年春の時点では、大連地区の労働者の平均賃金は中国のほかの大都市の賃金に比べ大幅に安く、内陸部なみだった。このため政府から、あまりにアンバランスなので賃金を上げるようにとの指導、あるいは示唆があったのではないだろうか。そこで関係者が話し合い、「皆で渡れば怖くない」という集団型ストライキを考えたということでないのか。

中国政府は、輸出主導の経済から、内需主導の経済への切り替えを急いでいる。内需拡大のためには、労働者の購買力を高める必要がある。そのためには、ある程度の賃上げが必要だと考えている。

一方、企業としては、一社だけストライキをやられては困るが、ほとんどの日系企業がやるならマイナスにはならない。ましてや、今の中国は空前の人不足状態にある。もし、賃上げを呑まずに労働者に辞められたら、補充する人材の確保はままならない。それなら、ある程度の賃上げを呑んでも、大連市政府との協調を維持し安定した雇用環境を守ったほうがいいという判断になる。実際、繊維など労働集約型の一部の産業を除いて、多くの分野では全生産コストに占める人件費の割合は相対的に小さい。

かくして大連では、労使の暗黙の合意のもとに、ストライキが行なわれ、賃上げが行なわれた、ということのようだ。いま、中国では、全国的にストライキが多発し、賃上げラッシュが続いている。しかし、これも地域によって濃淡がある。大連地区のような談合型ストライキもあるのだ。

最近、青島の日系工場の出入り口付近で、韓国系企業の人集めのビラまきが増えている。「賃金は日系企業より三〇〇元から四〇〇元高い！　うちで働かないか」と誘っている。しかし、その程度の違いでは、多くの労働者はもう会社を移らない。日系企業は、給料の遅配や残業手当の不払いはない。社会保険料の支払いなどもしっかりしている。何よりも信頼がある。

いわば、こうした守りの時代には、有利な状況にある。人手不足の中、労働者に辞められる韓国、台湾系企業は厳しい。背景には、中国で進む人手不足が大きな構造問題として横たわっている。

4タイで実感する最新アジア――驚きの8連発

新たなアジアの成長が進み、同時にアジアとの一体化が進んでいる。それは、日本にいては想像もできないペースである。タイに出かけたが、新たな発見がいくつもあった。びっくりした順にその実態を書き出してみよう。

❶新旧グループの対立が先鋭化した政治衝突

二〇一〇年三月～五月に起こったタイの政治的な混乱をどう理解したらいいのか。しかも四月一〇日には、日本人カメラマンが亡くなったデモ隊と治安部隊との衝突と発砲騒ぎにつながり、五月までの衝突で最終的には、九〇名を超える死者まで出した。

日本のメディア報道を見ていると、赤シャツ（反独裁民主戦線＝親タックシン派）対黄色シャツ（民主主義市民連合＝反タックシン派）、タックシン派対アピシット派といった単純な色わけで報道されているし、またそのように考えたほうがわかりやすい。だが、実際はもう少し複雑な背景がある。

タイは、これまで王室と財閥、軍、官僚が実権を握り、これを国王の人柄と僧侶が精神的に支えるという構図だった。

しかし、この構図を一挙に変えたのが二〇〇一年に首相に就任したタックシンだ。彼は自身の豊富な資金力を背景に、首相として、農村部を含めて広く国民にお金が行き渡るような仕組み、政策を導入した。健康保険制度の整備と三〇バーツ医療（一人三〇バーツ〈当時約一〇〇円〉の負担で医療が受けられる制度）や村落・都市コミュニティ基金の設置（全国の農村・都市コミュニティに一〇〇万バーツを融資）、農民への融資の返済期間延長（農民・共同組合銀行から借りた資金の返済を三年間延長し、その分の利子は政府負担）などだ。

これらの政策は、従来無視され続けてきた東北部の農民など、低所得層の圧倒的な支持を得た。それは、従来のタイの政治・経済の体制を大きく変える革命的な出来事だった。ただし、タックシン自身がビジネスマン政治家で、規制緩和などにより自分の関連する企業に莫大な利益をもたらしているのも事実だ。

いずれにせよ、タックシンの台頭は、これまで政治や経済の実権を握ってきた支配階層にとっては、自分たちに向けられた攻撃であり、体制の危機と映った。また、彼の強引な政治手法は、バンコクの中産階級を中心とする層から生理的とも言える反感を買った。

そこで、二〇〇六年に軍事クーデターが起き、タックシンは首相の座を追われる事態となった。しかし、その後の総選挙ではまたもタックシン派の政党が勝利し、危機感を深めた旧体制側は司法も取り込んで、憲法違反でタックシン派政党を解党に追い込んだ。要するに何が何でもタックシン勢力を排除しようとしたわけである。おおっぴらには言えないが、その背後には王室の暗黙の支持があったのだろう。

だが、クーデター後の選挙で勝利を得たことからも明らかなように、タックシンを支持する国民は多い。彼らが赤シャツ隊としてバンコク国内でデモを行なえば、反タックシン派は首相府を占拠したり、空港を占拠したりして対抗する。これが黄色シャツ隊である。このデモ隊のスポンサーは、バンコク銀行と華人系のコングロマリット、ＣＰグループだと言われている。既存支配層の反撃である。

しかし、今年三月からの赤シャツ隊によるバンコク中心部での座り込みについて、現地の人から次のような情報が寄せられた。

「二〇〇八年にバンコク空港を占拠した時に座り込みを続けていた黄色シャツ隊と同じ人物が赤シャツ隊に加わって座り込んでいる」

「彼らには弁当と日当がつく」

しかも、四月の時点では配給される弁当の質が落ちているようだという話まで出ていた。

多くの日本人は「そんなバカな」と思うだろう。だが、日本の外に一歩出れば簡単には理解できない事態が起こりうる。

バンコクには「ぶらぶら族」と呼ばれる一種の失業者たちが存在する。自ら求めて職探しをするわけではない。人手不足が続いているタイだけに、よほど本人に問題がなければ、仕事は見つけられる。本人の意志でぶらぶらして一日を過ごすのだ。日本の常識で判断すると間違ってしまう。南国だけに、彼らには夜、寝泊まりでき雨露をしのげる場所があればいい。日がな一日路上でぶらぶらしており、弁当に日当が支給されるとなると、路上に何日間も座っていてくれる。彼らに特に政治的な信条があるわけではない。

このように、バンコクで起こった政治衝突と流血事件は、「既存財閥グループ」対「タックシン・新興企業・農民グループ」の対立に、このぶらぶら族が加わったものだと考えられる。

しかし、今回の流血騒ぎを見ると、どちらも自制することができず、まさに「がちんこ勝負」に突入してしまった。タイのこれまでのクーデター騒ぎというのは、実は、死者が驚くほど少ない。今回のバンコク暴動で九〇名を超える死者が出たというのは対立の根がいかに根深いかを物語っている。

ただし、どちらの陣営も好調なタイの経済を根本から破壊しようと意図しているわけではない。いわば「権力闘争」だ。だとすれば、どこかで、妥協が成立するのではないだろうか。

こうした展開は表面上の簡単な色わけでは完全には理解できないし、今後の予想はもっと難しい。経営者やビジネスマンとしてアジアで生きていくとなれば、こうした事件に遭遇することがあるだろう。その時にはマスメディアの情報を鵜呑みにするのではなく、自分で考え、判断しなくてはならない。また、判断材料として、自分なりの情報網を作っておくことも必要だ。

❷アジアで雇用のルールなき世界が広がる

バンコクで見た日本人向け情報誌『バンコク週報』によると、ある日系のコールセンターが日本人社員を求めており、その給料が月二万五〇〇〇バーツ（日本円換算で約六万七五〇〇円）だった。

日本で日本人を雇用しようという場合には、最低賃金制度が適用される。全国平均で時給七三〇円程度であり、八時間労働として月一二万八〇〇〇円強という計算になる。

タイでの場合、日本の最低賃金制度は適用にならないが、「日本人労働者の最低給与は月五万バーツ」でないと、労働ビザが出ないのが原則である。これはタイ人には支障は出ないので、ＢＯＩ（タイ国投資委員会）の投資政策とも読める。「豊かな国から来た日本の労働者は、相応の税金を払ってください」という意味であって、日本の労働者の権利を守る主旨のものではない。ちなみに、タイ人ワーカーの平均賃金は日本円で五万円だ。

「六万七五〇〇円程度の募集」は、タイ人の平均給与を上回っているわけだが、それでも、この給与水準でタイにいる日本人からかなりの応募があるということには驚く。

日本にいると、アジアからの外国人労働者がさまざまな分野で働いているが、日本人もアジアに職を求めて出かけている。日本とアジアは一体化している。

同時に、今までタイにやってくるのは、日本企業の社員か関係者といった常識が通用しなくなっている。新しいタイプの日本人が、タイでも増殖中なのだ。

❸空前の日本食ブーム

伊勢丹バンコク店で催された「九州物産フェア」で博多ラーメン三三〇〇食が三日で完売した。一日当たり一〇〇〇食が売れた計算だ。バンコクでも空前の日本食ブームが起こっている。実は、タイ料理やベトナム料理などなどの東南アジアの料理のベースは、中華料理かあるいはその延長上にある。豊かになり、食生活にもお金をかけられる層が増えているが、毎食、中華系の料理では、高蛋白、高脂肪で高血圧や痛風になりやすい。それに健康志向が強まっていることから、空前の日本食、韓国食ブームになった。

この博多ラーメンは三〇〇バーツ(八一〇円)であり、「もう日本国内と味も価格も変わらない」と実感される。

しかも、バンコクの伊勢丹が入っているショッピングモールには、日本食レストランが四九店舗もある。ラーメン店以外にも寿司、そば、鰻、しゃぶしゃぶなどなんでもある。「世界最大の日本食レストラン・コンプレックス」ができている。イスの数から推定して約四〇〇〇人を収容できる計算だ。

ただし、バンコクには約三万人の日本人がいるが、タニヤやスクムウィットなどの日本人専用飲食街があるので、伊勢丹の入ったショッピングモールにある日本食レストラン街は、客として日本人を想定したものでない。それだけ、タイに日本食が定着しているのだ。しかも、平日にもかかわらずどのレストランも客が外に並んで待っていることにも驚かされる。

❹進む日本企業のアジアシフト

日本企業がタイでの生産規模拡大を急ピッチで進めていることにも驚かされた。

日本では、民主党政権下で派遣労働者法の改正が行なわれる可能性がある。労働者の権利を守ることにつながるが、一方ではこの動きを察知した企業側の判断もある。つまり、日本国内での生産コストは今後、実質的に高くなると多くの企業が考え始めている。この動きをにらんで、生産拠点のアジアシフトが進んでいる。

もちろん、タイだけではなく、ベトナムなどでも同様のことが起こっている。

なぜ、日本のマスコミにこの動きが伝わらないかというと、多くがタイで工場を新設するのではなく、今ある工場の増改築投資であるため、統計数字には現れにくいのである。

現地ではグラウンドや休憩室や会議室だったところをつぶして、機械を入れてラインを増設するなどの対応が進んでいる。このため、私が訪問した日系の機械商社などは、過去最高の忙しさとなっていた。

また、人手不足も深刻化している。タイの現在の失業率は一％程度であり、ほぼ完全雇用状態にある。このため、タイに進出している日系企業の多くが高まる注文に応じきれず、一部に仕事を断っている状況が生まれている。

バンコク周辺のある工業団地では、人手不足を解消するための、「省力化研究会」を立ち上げた。日本国内にいては、想像もできない事態である。

リーマンショック後の日本では、輸出が従来の五割程度まで落ち込んだが、今八割強程度までに回復している。しかし、今後、リーマンショック前の水準を回復するのはなかなか難しい。日本国内はかつてのような成長は終わったと見るべきだ。アジアと比べた場合、相対的な日本の国力低下は、今後通貨、地価、株価に端的に現れる。

反対に、タイではタイ・バーツが対ドル為替市場でやや上昇しており、地価や株価も上昇を続けている。生産拠点は需要が伸びる地域に設置するのは、国際ビジネスの常識とされるが、タイへの日本企業の生産シフトを見ていると、それが実感される。

❺拡大する日本人のロングステイ

日本の中高年世代のロングステイがタイで増えている。タイのロングステイ都市として有名なのは、チェンマイ（もう一つはマレーシアのペナン）だが、ここは欧米からの旅行客も多く、同時に少数民族が多いため、タイの都市という感じがしない。むしろ「カオス」と言ってもいいぐらいのさまざまな人種が入り乱れた都市であり、日本からのロングステイ客も「お客」意識を持たなくてすむ。

日本からのロングステイは、避寒や花粉症対策の避粉といったおもむきがある。例えばチェンマイは、気候が温暖であり、冬の最低気温は一六度前後、最高気温が二五度前後という好条件に恵まれている。

市内には、日本人の経営するロングステイ用物件を販売する不動産会社や資産運用会社が林立しており、特に日本人客を当て込み営業している。現地での一ヵ月の家賃は、上・中・下と大きく三つに分けられる。上クラスは郊外で一戸建て、運転手・メイド付きで月二〇万円程度、中クラスは市内の高級マンションで一五万円程度、さらに普通のクラスで七万五〇〇〇円程度である。

日本に比べて、生活費が安くまた気候も温暖なことから、ロングステイをする日本人が増えているのもうなずける。

チェンマイでは、日本人向けの資産運用会社も林立している。日本人向けのセミナーも盛んだ。まず、タイに銀行や証券の口座を作り、日本円をタイ・バーツに変えておき、その口座を利用して資産運用しようというものである。

日本経済が低成長に入り、一方で国債発行残高が一〇〇〇兆円に迫っている。長期的に見ると為替市場ではやがて円安材料となる可能性が高い。一方では、成長するアジア通貨、特に、人民元やタイ・バーツは今後の上昇余地が大きい。こうした先読みのできる日本人が増えていて、リスク管理のためタイに口座を作っているのである。

❻進む日本人の不動産投資

日本人を含む外国人向け不動産販売が活発化している。バンコクの中心部では二〇階を超える高層マンション・ラッシュである。

価格は、一〇〇〇万～一五〇〇万円が中心だが、それを超えるような高級物件も出ている。一㎡当たり五万バーツぐらいで、外国人駐在員向けの需要も見込めることから投資用不動産としても人気を呼んでいる。現地の新聞を読むと、こうした不動産の広告が満載されている。日本の感覚からしても、いい価格になっている。

実は、タイでは一九九七年のアジア通貨危機時には、不動産は大幅に下落した。しかし、〇三年ぐらいから不動産市況も回復傾向を続けている。不動産投資の利回りは、不動産価格の上昇も相まって六～八％とも言われている。

タイでは、外国人の不動産購入は困難とされてきた。たしかに更地の不動産を購入することは現在もなかなか難しい。しかし、マンションは外国人でも購入可能である。なお日本と違って、ローンよりは一括払いでの購入が主流である。

不動産の価格上昇は、実はタイのバンコクだけの話ではない。中国、香港、ベトナムでも同様の不動産ブームが起きている。経済が成長し、不動産価格が上昇しているためだ。日本では、都心部の一部地域を除いて不動産価格は下落しており、アジア主要国の不動産価格上昇の動きとは対照的である。このことをバンコクに来ると実感できる。

❼進行する日本企業支援ビジネスの新旧交代

バンコクに進出している日本企業では新旧交代が起こっている。タイは、日本企業が進出して久しい。いわゆる日本企業支援ビジネスの老舗も少なくない。例えば、日系の人材派遣会社だけでも、先発組が三〇社もある。しかし、タイでも新旧交代が起こっている。つまり、新しく進出した人材派遣会社の業績が伸びている。

例えば、三〇代の社長が最近、起こした人材派遣会社では、メールや電話での営業活動は行なわず、もっぱら自ら出向いての面談で業績を上げている。

現地の日本企業にしてみれば、わざわざ出向いてきて営業をする日本人には親近感を持つものだ。さらに驚きは、この社長は約二ヵ月でタイ語をマスターしたという。このハングリー精神が、新旧の営業力の差を生んでいる。

❽立ち位置探るタイの日本企業

タイに進出しているある日系縫製企業のドル箱製品がコスプレ商品だった。秋葉原にあるコスプレ販売店が注文を出し、バンコクで生産している。生産といっても、何万着を作るというのではなく、すべて注文生産で、価格は一着当たり二万円強と高い。しかも、詳細な設計図や生地が提供されるわけではなく、もっぱら写真と簡単なデザイン案をもらっただけでこれまでの経験を生かし作ってしまう。品質にうるさい日本企業の注文をこなしている。

アジアではベトナムやバングラデシュ、ミャンマーの人件費が安いことから、日系の縫製工場が進出している。しかし、これらの地域では日本で販売される高級コスプレは生産できない。それは、作業者がコスプレとは何かを理解していないと、うまく作れないからだ。

バンコクでは、メイド喫茶も発見した。それだけタイが豊かになった証拠である。

特別寄稿 いまなぜ若者はアジアを目指すのか

チャイナ・コンシェルジュ代表取締役社長　大西正也

❶日本の若者が中国を目指す三つの理由

ここ数年、中国や香港、マレーシアなどで働きたい、もしくは働いているという日本の若者の話をよく聞きます。おそらくそれは、長らく続いている日本経済の低迷、そしてそれゆえの何とも言えない閉塞感から脱したいという、彼らなりの意思表示なのでしょう。確かに今、東アジアの一部地域は経済的にも勢いづいていますし、活気もあります。

各種メディアを賑わせている通り、特に中国ではそうした動きが顕著ですね。だからこそ、日本人に限らず、中国を目指す人が多いのでしょう。その理由としては、大きく分けると次の三つのパターンがあります。

まず一つめは、「外国人である」ということ。日本と比べたら、人も物もサービスも、まだ発展途上ですから、「外国人」というだけで、ある意味ちやほやされてしまうわけです。フォーチュンテラー（占い師）的とでも言いましょうか、「先進国から来た何でも知っているすごい人」みたいな感覚です。企業側も、「ぜひうちの会社で働いてください」というスタンスだから、ついがんばっちゃうわけです。そうすると、その人自身もやりがい持って仕事に臨めますし、まわりから見ても輝いて見えます。変な言い方ですけど、閉塞感たっぷりの日本で悶々とくすぶっている若者たちにとって、それは魅力的に見えるのです。

そしてもう一つは、「タイムマシン的」ビジネスチャンスです。先述したとおり、人、物、サービスがまだまだ発展途上なので、日本では当たり前の商品やサービスが中国ではないことが、いくらでもあるのです。

一五年前に中国で「初めて」フリーマガジンを発行した当社も、ある意味そうです。北京オリンピックが終わって、昨年五月～一〇月には上海万博がありました。新聞やテレビなどでよく言われている通り、今の中国は東京オリンピック、大阪万博と経て高度成長期を経験した一九六〇年代の日本とよく似ています。

そんな状況下ですから、半世紀ほど先を行く私たちからすれば、人々が豊かになり、マイカーやマイホームを手に入れて、それでもまだお金が残っているような人たちが、次に何にお金を使うかは、容易に想像つくわけです。例えば、子供の教育やペット関連のビジネスとか、文化・芸術、別荘、レジャーなどなど……。日本をはじめ、先進的な物やサービスを知っている私たち「外国人」には、確かに多くのビジネスチャンスが残されています。

最後は、女性にとっての「働きやすさ」です。中国には「半辺天《バンビエンティエン》」という言葉があるのですが、これは「婦女能頂半辺天」という毛沢東の言葉から来ています。「女性が天の半分を支えることができる」という意味で、要するに男女平等のことを指しています。そんなこともあって、中国や香港では、女性も男性と同様に活躍できる社会システムがずいぶん前から整っているんですね。

幼稚園や保育所など託児施設もしっかり整備されているから、結婚したからとか子どもが生まれたからといって、実際に会社を辞めなければいけないような状況に陥るようなことはほとんどありません。

そういう意味では、日本よりも進んでいると言えるのかもしれません。

❷加速する、アジアにおける人や物、お金、サービスの一体化

そんなふうに、最近では日本人によるアジア諸国での活躍が目立ち、我々を含めて、マスコミでも取り上げられていますが、逆に中国、韓国、台湾などの方々は、ずっと前から日本をはじめ世界各国の先進国へ進出していました。

その目的や目指すところは違うかもしれませんが、アジアにおけるそうした人や物、お金、サービスなどの、言ってみれば「一体化」は、今後さらに加速していくだろうと思います。

例えば職探しにしても、インターネット上の就職情報サイトに経歴や条件など入力して検索をかけると、日本国内だけにとどまらず、中国や香港はじめ条件に合った各国の企業情報がリストアップされるような社会になると思います。

そしてこれは、住宅情報もしかりで、もはや働くことも住むことも極端な話、他府県へ移ることとほとんど変わらないような感覚で、国境を越えて行き来するようになるんじゃないかと思います。だから、頭の中の国際化が遅れている人たちは、きっと流れに乗り切れず、置いていかれてしまうでしょうね。

加えて、アジア各国からの人材の流入は、今後も増え続けるはずですから、日本人だといっても日本国内ですら仕事がなくなってしまう可能性は十分あるわけです。そしてこれは、そう遠い未来の話ではないはずです。

そうした世の中の流れは必然だし、むしろいいことだと思います。そんな、人材や住宅をはじめとするあらゆるグローバルな情報を欲している人や企業と、提供したい人や企業とをつなぐことも、弊社が取り組んでいきたい業務の一つでもあります。

相手を見て、その人が欲している、かつ最適な情報を提供できる、文字通り「コンシェルジュ」を目指していきたいと、私たちは思っています。

株式会社チャイナ・コンシェルジュ

■香港、北京、上海、大連で広告会社を経営するほか、中国向けＥＣサイトの運営・プロモーション、日本政府観光局などの中国・香港向けＷＥＢサイトの企画・制作、中国におけるインターネットマーケティングサービスの提供、現地進出および事業コンサルティングなどを手がけている。

http://www.concierge.com.cn/

第2部

企業実践編——アジアで成功する企業人の知恵

1 既存のビジネスインフラの活用

リスク管理を徹底した自動車部品業　イイダ産業、カイセ工業（タイ）

★現地の内需にも対応できるパートナー探し――先行事例を徹底調査して低コスト参入を実現

アジアにこれから進出しようという企業には、ビジネス・アイディアから現地での投資手続き、合弁相手探し、現地スタッフや資材調達、流通網の確保などやることがたくさんある。しかし、これらをすべてゼロからスタートさせるのは現実的ではない。これまでの既存のビジネスインフラを生かすのである。

❶先行事例があれば会いに行ってみる

「まず、先行事例を調べよう」が正解なのである。

「まだ誰も考えたことがないようなビジネスがあるはず」と思うかもしれない。しかし、タイだけを取っても、日本から約八〇〇〇社が進出している。既に似たようなビジネスはどこかの日本企業が手がけていると思って間違いない。

また、流通網から金融システム、部品の調達から人材までビジネス・インフラについては、中国やタイ、そしてインドネシアやベトナムといったところはほぼ整ってきていると見てよいだろう。

調べた結果、こちら側が進出したいと思っている事業で既にアジアに出ている日系企業が見つかったとしよう。コンタクトを取って、すぐに挨拶に出かけることをお勧めしたい。日本のビジネス社会は、こちらから頭を下げて菓子折りの一つでも持参して相談に行けば、少なくとも話は聞いてもらえるというビジネス習慣がまだ健在だと考えていい。

その会社に相談に行くことができたなら、「タイの工場の一角を貸していただけませんか。こんな事業を立ち上げたいと考えています」と率直に提案してみるのも一つの方法だ。

まったく同じビジネスでは相手にされないかもしれないが、関連した事業であれば、相手側にもプラスになり、相談に乗ってもらえる可能性が大きい。これまでの「既存の発想」ではなく、従来の発想にとらわれない素人的な柔軟思考が求められている。このずうずうしさ、行動力が何よりも大事である。

そして、このような動きをすれば、進出するためのコストが割安になる。日本の中小企業がアジアに進出する場合に、これまで日本の大手企業が進出する際に採用した手法を踏襲していたのではコストがかかりすぎ、採算割れになりやすい。

❷内需にも対応したパートナー探しが重要

中小企業がアジアに出ていく場合には、大手企業が考えないようなリスク管理と発想の転換が求められている。

まず、事務所や工場のコストである。例えばバンコクなどの目抜き通りに事務所を構え、タイ政府が用意している工業団地に入居するという発想だと、どうしてもコスト高になってしまう。

「御社のタイ工場の一角を借りて、スタート」する発想は、低コストで進出できる有利さにつながる。

また、割安で借りられる倉庫のような場所でもいい。見栄やプライドは捨てて、低コストで進出する方法を考え抜く必要がある。

この発想でいけば、相手政府が認可しやすい進出方法についても、「それでいいのか」と考えておく必要がある。

例えば、タイの場合には、主に輸出加工区に立地する「ＢＯＩ（タイ国投資促進委員会）認可・一〇〇％子会社」というパターンがある。ＢＯＩに輸出用としてタイ進出の申請をすれば、認可を受けやすい。だが、これは世界経済が安定していて、バーツ安で、安価で良質なワーカーが集まり、タイからの自動車輸出が今後も期待できるという前提で成り立っているビジネスモデルだ。世界経済がリーマンショックに襲われた二〇〇八年の秋以降のような事態になった場合、深刻な打撃を受けることがありうる。

そこで、ＢＯＩ方式ではなく、現地の内需向けにも売れる製品を作る、あるいは現地のパートナーと組むという戦略がどうしても必要になる。タイの実質ＧＤＰ成長率は二〇〇八年でも二・五％程度、それまでは五％前後の安定成長が続いてきたから、当然、内需は底堅い。

しかし、タイ政府としては、「内需は国内産業で」という基本方針があることから、特に当初は日本から内需を狙って進出しようとしても、なかなか認可が下りにくいし、時間もかかる。

そこで、現地企業とパートナーと組むという戦略が有効になる。実は、タイの企業も日本企業と組もうと、日夜相手を探している。彼らの多くは華僑系で、投資家でもある。

彼らと合弁を組んだ場合、当然、収益を上げて配当してほしいという要望が出る。そこで、彼らの持っている国内市場のネットワークを活用できれば、タイからの輸出にのみ頼るＢＯＩ方式の弱点を補えるだけでなく、国内市場も開拓できる。

将来性のある企業、あるいはおもしろいビジネス・プランを持っている日本企業なら、可能性は十分ある。こうした現地企業と知り合うためにも、まずタイに進出している先行事例を調べることが欠かせない。これからの投資は、自社の主体性が何よりも大事になる。

❸回復するタイの自動車産業

いまタイが東南アジア経済のハブとなりつつある。そして、この中心となるのが自動車産業とエレクトロニクス産業である。特に、タイの自動車産業は近年目を見張るものがある。世界の中で独自の境地を築いたと言ってよい。

タイの自動車の生産能力は年間で一八〇万台、生産台数は二〇〇八年が一三九万台、二〇〇九年が少し落ちて一〇〇万台となったが、二〇一〇年は〇九年の生産量を上回る。このうち半分が国内販売、半分が輸出だ。車種はピックアップトラックが全体の七割近くを占め、次に乗用車となる。

輸出先については、アジアのほかオセアニア、中東、アフリカ、ヨーロッパ、南アメリカと日本と北米以外は万遍なく各国に輸出している。特に、アジアとオセアニアを除くとほとんどがピックアップ車の輸出だ。このピックアップトラックの輸出は年間七〇万台を超えると推定される。タイの自動車産業が日本よりも立ち直りが早かったのは、新興国向けで、しかも仕事で使うピックアップトラックを供給していたからである。

タイには日本の自動車メーカーはトヨタ、いすゞ、ホンダ、日産などほとんどの会社が進出している。またこれらのメーカーに部品を供給するために多くの自動車部品会社が進出している。しかし、この経営がなかなか難しい。特に、アジア通貨危機や昨年の金融危機などがあると急激に販売量が減る。この時にどう対応するかがポイントとなる。

乗用車のシーリング剤、接着剤、防音剤などの製品を自動車メーカーに供給するイイダ産業（本社・愛知県稲沢市）は、このリスク管理を徹底している会社として注目できる。

同社のタイ子会社の設立は、今から二〇年前の一九八九年で、社名は、「ログダイ・オロテックス」。これはイイダ産業の製品ブランド名であるオロテックスと現地の合弁相手であるログダイグループから取っている。現在の出資割合は、日本側（イイダ産業、三井物産）が八七％、タイ側が一三％である。

❹倉庫を工場として借りる

合弁でスタートしたことが、その後、ログダイ・オロテックスが現地での新規のビジネス展開を行なう場合などに大きく役立ってくる。当時、会社の設立手続きは大変だったようだが、日本企業のＢＯＩ（タイ国投資促進委員会）認可、一〇〇％子会社とパターン化した投資方式と一線を引いて、独自な経営方式を取ったことが時を経るごとに生きてきた。

同社は現在、本業の自動車部品で六〇％、タイ国内向けの内需製品である建築用建材、エアコン用ダンパーで四〇％を売っている。ＢＯＩ方式は確かに輸出するには効率的だが、タイ国内で販売するとなると、とてもやっかいになる。

ログダイ・オロテックスの吉村明宏マネージング・ダイレクターは、「創業時に当時の飯田耕介社長がパートナーと相談し、今日の事態を予測して業務内容をかなり幅広く取っていたことがきいています。それに自動車部品以外の新製品を作れるほど、タイ人技術者が育っていることも大きいですね」と語る。

創業時にもう一つ工夫したことは「持たない経営」である。現在、バンコクの東部、サムットプラーカーン県バーンサオトン郡にある八九〇〇㎡の工場は、家主が倉庫を作ろうとしていたものを交渉して、きわめて低価格で借りたもの。だから工場には柱がない。工場が一目で見わたせる実に効率的な構内だ。

同社は、現在の工場が少し手狭になったので、隣接する倉庫(一二五〇㎡)を輸出品の倉庫・出荷場として借り増しした。

同社の工場はおせじにもきれいとは言えない。しかし、新しい工業団地に入居するのはきれいで格好は良いがコストがかかる。この部分をきわめて合理的に処理した。

❺タイの内需に乗って成長

アジア展開をして日本企業が経営の自由度を増すことは大変大事なことだ。そのためには、なるべく無借金で、設備投資額は少なく、現地販売をすることだ。アジアではどんなことが起こるかわからない。常に非常時の心構えと覚悟は必要になる。

同社は、アジア通貨危機以後は二〇〇八年までは絵に描いたような右肩上がりで成長してきたが、〇九年は二割減まで下がった。しかし、〇九年二月には底を打ち、五月から回復し、七月からは〇八年レベルとなった。これはタイの自動車産業の回復もあるが、売り上げの四〇%を占めるタイ国内向けの内需製品である建築用建材、エアコン用ダンバーの役割が大きい。タイで大きなダメージを受けたのは日系企業などの輸出産業である。国内の景気がそれほど影響を受けたわけではない。そこで、同社は内需製品に力を入れた。

不思議なことに、これまでタイの住宅には屋根の継ぎ目がなかった。同社はこれを開発した。なにしろ本業で継ぎ・接着は得意中の得意の技術だ。エアコンも落ち込みが少なかった。成長するタイ経済の内需に乗る。これが同社の金融危機後の回復を速めた。

もちろん、それには現地のパートナーであるログダイ・グループの全面的な協力がある。現地販売は商慣習や代金の回収などそれなりの難しさがある。ここの部分を担ってもらえるのは大きい。

現在、同社ではインドのバンガロールへの進出を狙っている。その場合のベースキャンプ基地としてログダイ・オロテックスはとても役に立つ。需要が急激に伸び出したインドにタイから供給するのだ。

自動車部品産業も大きな転換点を迎えている。地球の温暖化・二酸化炭素削減の流れは、エンジン自動車からエコカー、電気自動車に変わり出した。そうすると自動車部品の世界も激変する。

特に、同社のように高級車向けの部品を製造していると、経営戦略を考えざるをえない。自動車部品以外の分野にチャレンジしている。インドなどの西南アジア、中東市場に歩を進める。これはもう待ったなしだ。

既に二〇一〇年四月からはバンガロールに営業所を開設し、同年六月からインドの客先に販売を開始している。

❻特定の業種・企業に片寄らない経営

もう一つ、自動車部品会社で車輌、給油器、冷蔵庫、エアコンなどの製品の各種パイプ加工品を製造、販売しているカイセ工業（本社・東京都町田市）のケースを紹介しよう。

こちらはバンコクの東へ六〇㎞に位置し、タイでも有数の民間デベロッパー、アマタの開発するチョンブリー県アマタナコーン工業団地に入居している。

カイセ・タイランドの工場

このカイセ工業の基本的な経営戦略は、特定の企業、特定の業種、特定の製品に片寄らない経営だ。現在、多くの工業製品にパイプ加工品が使われている。これをあらゆる業種に供給する。取り扱い材料も鋼管、アルミ管、鉄管、ステンレス管などの分野でも扱っている。

また、販売先の企業も日系企業にこだわらず、韓国、タイ、欧米の企業と分散させている。分散、バランスという形でリスク管理を図っている。

製品別の売り上げシェアは、自動車関係、冷蔵庫関係、エアコン関係が各二五%、給油器関係が二〇%、その他が五%とこれも見事にバランスを取っている。今回の金融危機は自動車関係が落ち込んでも、給油器、冷蔵庫、エアコンの内需関連はまずまずで、回復も速かった。

そして、この現地子会社カイセ・タイランドの経営には一九八三年に大手電機メーカーの駐在以来、タイでの仕事歴が三〇年近くになる久野眞史氏をスカウトし、マネージング・ディレクターに就けている。かつて、戦国時代に黒田勘兵衛が隠居してから九州を転戦したように、超ベテラン経営者に任せている。

その久野マネージング・ディレクターは、次のように語る。

「現地の経営の課題は大きく二つあります。一つは品質です。製品の品質が整えていくにあたり、日本で長年培ってきたものづくりの技術をどう理解させるか。ただパイプの加工をするというだけではなく、金属の特性から、金型の原理、部品の仕組みなどを徹底的に教えることに、時間とコストをかけています。

製造業にとって、品質確保・向上に終点はありません。今後も日本側の指導を受けながら、さらに向上を図らねばなりません。

もう一つは営業ですが、これも大変難しい。なにしろユーザーがさまざまです。そのルールは業種によっても異なります。国籍によっても異なります。いずれも一長一短ですが、これを組み合わせるととてもバランスが良くなるのですね」

最後まで、リスク管理、バランスの話が続いた。

イイダ産業株式会社
本社住所　〒四九二-八五四七　愛知県稲沢市北麻績町沼一-五
電話　〇五八七-三六-五七八一　ＦＡＸ　〇五八七-三六-五七八五
主な業務内容　自動車用防音材、補強材、制振材などの製造・販売
直近年間売上高　七一億九〇〇〇万円（連結）

株式会社カイセ工業
本社住所　〒一九四-〇〇一一　東京都町田市成瀬が丘三-四-三
電話　〇四二-七九六-八五三二　ＦＡＸ　〇四二-七九六-五四〇三
主な業務内容　各種パイプ加工・曲げ・端末加工など

―コラム―

日本化するバンコク

バンコクに行くと、最近特に日本語のカンバンが多くなっていることに気がつく。

それもそのはずで、バンコクには日本人が経営する不動産屋が約一〇〇社、日本語のフリーペーパーを出している会社が三〇社もある。このほか、バンコクのタニヤ地区、スクムウィット地区には、ラーメン屋のほか、日本人相手のレストラン、クラブ、スナックなどが軒を連ねている。

フリーペーパーを見ると、工場が日本人社員を募集しているほか、レストランやクラブ、スナックなどがマネージャー・クラスの日本人を募集している。現地で仕事をする日本人が増えれば、それだけ日本人向けのビジネスも繁盛することになる。

いまバンコクには日本大使館に届けを出している日本人だけで、三万人以上いる。このほか、届けを出していない人や、旅行者などを含めると、常時六万人ぐらいの日本人がバンコクにいると考えられる。これだけの日本人の衣食住をまかなう需要が存在するわけである。

スクムウィットにはＵＦＭフジスーパーという、横浜に本社のある日本企業が運営しているスーパーマーケットがある。そこに行くと、いつも日本人の買物客であふれている。ここでは、日本で売られている食材が、ほぼ日本と同じ価格で販売されている。さらに、靴の修理、クリーニング、宅急便窓口などのほか、すし屋などもあって、日本のものがだいたい揃う。日本化するバンコクの象徴と言っても過言ではない。

バンコクと同じように、都市の一部に日本化する傾向が見えるのは、ソウル、台北のほか、香港、大連、シンガポールなどが挙げられる。

一方で、成田のイオンショッピングモールで日本にパンの買い出しに来ていたタイ人に出くわしたことがある。日本で焼き上げられたパンへの人気が高いのだろう。

タイ語を話す日本人が増えているほか、日本語を話すタイ人も増えている。アジアの大都市は、巨大な一つの都市空間としてつながっている。そうすると、同質化する都市空間を移動し活用する人間と活用しない人間には大きな差も生まれてくる。

2 日本で一番少額でのアジア進出を追求

知恵を張り巡らせた　バンテック（中国）

★外国人研修生が母国で創業――ゲリラ戦をしかける機動的経営

❶日本にいながらアジア人脈をつくる

中小企業がこれからアジアを目指すのなら、低コスト化の工夫と現地での人脈づくりは避けて通れない。

アジアでの初期投資の高さをクリアするためには、相当量の生産が必要になるから、大規模な企業やまとまった受注の見込める企業でないとなかなか採算がとれない。だから、この手の進出方式で出るべき企業はもう大半がアジア進出を果たしたと考えていい。

しかし、これからアジアの現地に進出しようという中小企業にとっては、一億～二億円もかかってしまう初期投資コストはきわめて重く、簡単に回収できない相談である。

中国だけでなくアジアのどの国も変化の激しい時代だけに、五年先がどうなっているかは、経営者といえども読めない。コストや将来の不透明さを考えると簡単には進出できない。

中小企業の場合は、さらに現地の人脈もないので大変だ。大・中堅企業なら、すでに現地に進出しているグループ会社を紹介してもらったり、あるいは有料でコンサルタントや商社のネットワークなどを活用するという手がある。

しかし、中小企業の場合はこうした方法を取ることは簡単ではない。そこで、大・中堅企業とは違う中小企業なりの発想法が必要になる。

人脈づくりでも、トップ自らが判断し、行動し、コストをあまりかけず「手づくり」で現地人脈をつくることが求められる。

低コスト進出と現地人脈づくりを同時に実現する方法として、来日している留学生、外国人労働者などの中国人、あるいは日本に永住している中国人とのコネクションを生かすという方法がある。つまり、日本にいながらにして現地の人脈づくりを実現しようという方法だ。

日本にはいま、外国人労働者としての中国人が一五万人、永住している中国人四五万人、中国からの留学生が八万人いる。彼らにはそれぞれの出身地があり、またその出身地に友人・知人も多い。このコネクションは、意外と知られていない中国人脈活用法である。

彼らと知り合う中で、お互いにメリットが出る方法で現地に進出するのだ。例えば、日本に永住している中国人をスカウトして中国に進出する方法は、私が知っている中小企業の何社かが実践している。

さらに日本にやってきた中国人研修生と信頼関係を結び、彼が故郷に新会社をつくる形で進出を果たしたのが、次に紹介するバンテックだ。

中小企業ならではのゲリラ戦法を採用。小資金での進出と現地人脈づくりの両方を実現した。栃木県佐野市でエアコン関係の金属フィルター製造と自動車電装部品加工を行なうバンテックでは、自社で研修していた中国人研修生に協力してもらい、チャンスをつかんだ。

❷中小企業には高すぎる初期投資資金

バンテックの大島徹社長は、これまでＪＥＴＲＯや商工会議所のアジア進出のセミナーに参加するたびに違和感を覚えていた。

ともかく初期の投資金額の相場が高すぎる。ユーザーの多くがアジアに出ている。ワーカーの質も良い中小企業もアジアに出てみたいが、いかにも投資金額が大きすぎるのだ。

いつでも呪文を唱えるように、考えていた。

「アジア進出初期の投資金額を小さく、可能ならゼロにできないか」

「投資手続が格安でかつ早くできないか」

「日本人社員は一人もしくはゼロにできないか」

そこで考えたのが自社の工場で研修していた研修生を使い、この中で優秀な人材を探し出し現地の経営者にしたらどうかというプランだ。中国人は優秀だ。お金がなく、やむをえず外国人研修生として日本に来ている人材も多くいるはずだ。そんな人材を探し出せばいい。

ここで探し出されたのが、牟楠さん。現在、同社の中国子会社「瀋陽大島金属過濾網製造有限公司」の総経理である。彼は三年間バンテックで研修生として働く中で、製造、品質管理、商慣習、日本的経営をマスターした。大島社長はこの牟楠さんに目をつけ、「君が日本語と工場経営のノウハウを見事にマスターしたら、中国で独立してもらって、そこに発注してもいいぞ」とささやいたのである。牟総経理は、大島社長のこのささやきを、これは自分に巡ってきた千載一遇のチャンスだと思ったそうだ。

❸相手側ががんばらざるを得ない仕組み

したがって進出地の瀋陽も、中国の中でどこが良いかと比較検討したわけではなく、牟総経理の出身地ということで決めた。瀋陽での投資手続きに牟総経理の人脈を活用して、早く安くと考えた。

スタートは瀋陽桃仙国際空港のそばの三三〇㎡の小さな工場アパートで社員五人から。最小規模での創業である。

このやり方は正しい。明日、日本からの注文がなくなったら牟さんはせっかくつかみかかったチャイニーズ・ドリームを逃がしてしまう。がんばらざるをえないのである。

「中小企業はかっこうなんかつけてはいけない。そこでうまくいかなかったら明日にでも引き上げる。海外にはこんな体制で出る必要がある。ただし、人件費、光熱水費、原材料費などの運転資金はかかる。一つの国で万一のことも考えると、少なくとも三〇〇〇万円は用意しておくことが必要です」と大島社長は語る。

日本企業が初期に大きな投資をすると、回収しなければならないから容易に引き上げられ

バンテックの中国子会社、瀋陽大島金属過濾網製造有限公司

ない。バンテックの場合は、運転資金となる六万米ドルの資本金の投資だけで、明日にでも引き上げられる。現地の社員ががんばらざるをえない。この差は意外に大きい。

さて瀋陽の工場だが、最初は日本の本社向けの仕事をこなした。牟さんがかなり日本の事情を呑みこんでおり、それをうまく中国人社員に伝達できたことで好スタートを切ることができた。

❹本格的な工場建設も低コストで

最初の工場アパートはすぐに手狭となった。二年後の二〇〇四年に新たな工場を探すことになった。現在の工場は瀋陽市内から車で約一時間三〇分、トウモロコシ畑、大豆畑、田んぼが延々と続く田園のど真ん中の瀋陽市于洪区平羅鎮青堆子村にある。ガチョウと犬、猫が出迎えてくれるのどかな環境だが、今度は敷地面積一万㎡、工場の建築面積が三〇〇〇㎡の堂々たるものである。バンテックとしては中国の内需を含めると成長のメドがついた。

私は失礼をかえりみず、聞いてみた。

「途中にいくらでも土地はあるのにどうしてこんな田舎にまで来たのですか。皆さん不便でしょう」

すると同社の芳賀章総経理(当時)は、次のように語った。

「社員の中にここの出身者の方がいて、平羅鎮の方と人脈ができ、少し不便ですが、こちらに来ました。その縁で投資手続きもスムーズでしたし、工場は信じられないくらい安く建設することができました」

同社の社員は前の工場アパートに勤務していた社員と近所の平羅鎮の住民である。同社はここでは唯一の工場であり、唯一の外国企業である。祭りともなると地域でも特別待遇を受ける。

中国の農民は収入が少ないので、同社への就職は貴重な収入源となっているのかと思いきや、若者の小遣い稼ぎだという。近隣の農家は都市近郊であるし、農地も肥えており、野菜と穀物で収入が多い。ただ、どうしても農業は人間関係が狭くなるし、仕事がマンネリ化する。工場は仕事がおもしろいし、仲間ができるので、同社に働きに来ているという。

問題は残業だ。彼らが働きに来るのはお金が主目的ではないため、原則的には残業したくない。だから同社は、残業をなるべくさせない方向で仕事のシフトを組んでいる。

❺いかに進出のハードルを低くするか

恒常的に発生する残業は、希望もあり、前の工場アパートからいる社員が行なう。それでも残業が発生する場合は、その事情を社員によく説明することにしている。そのために、毎日の朝礼は実にていねいに行なっている。

豊かな村であるため、同社に寄付金などの要求はまったくないそうだ。ただ、近所に牛や馬はいるが、レストラン、喫茶店、美容室、カラオケ店のたぐいの都市施設はまったくない。社員は仕事が終わってから都会の空気を求めてバスで都心部に出かけている。

同社では現在、大島社長が、「工場の人件費と光熱水費ぐらいは現地で稼げよ」とはっぱをかける。そこで、牟総経理が中心となりプロジェクトチームを作り、現地販売に力を入れている。

これも現地の日系大手エアコンメーカーから受注が見えて、どうやらクリアできそうだ。

❻タイでも進出経費の圧縮を実践

同社のタイ進出方法もおもしろい。

バンコクの東へ六〇キロ、チョンブリー県にタイ有数の民間デベロッパー、アマタの開発するアマタナコーン工業団地がある。緑に囲まれ、ゴルフ場もショッピングセンターも、ホテルもある代表的な工業団地の一つである。

この団地の中には「オオタテクノパーク」が設置されている。これは、日本側が大田区の設立した財団法人大田区産業振興協会、タイ側がアマタの民間グループという組み合わせでつくられた国際プロジェクトである。この事業は、日本でもテレビ、新聞、ラジオなどにも取り上げられた有名な団地である。

このオオタテクノパークは、日本でも有数の町工場の街である大田区の中小企業をタイに持ってこようというプロジェクトだ。日本語の堪能なアマタの職員が駐在し、投資手続き、社員の求人、会社の総合受付、会議室、製品ショールーム、工場の清掃、警備など、もろもろのサービスをしてくれる。

しかし、バンテックにとっては高額なので、この工場団地には入らなかった。

大島社長に「それではどこなんですか」と質問すると、指差したのはアマタナコーン工業団地のど真ん中。しかし同団地の入居企業ではない。

団地の地図をよく見ると、団地の地形はくびれており、用地買収できなかったのか、中間部にいくつもの空白の土地がある。同社は、ここに作られた民間工場アパートに入居していた。

アマタナコーン工業団地の施設インフラなどハード、ソフトの便益は受けるが、負担はほとんどないというういうまい仕組みである。社員も有名な団地の隣ということでよく集まる。社員の宿舎となるアパートも近隣にたくさん立地している。そして、何よりも同社のタイでのユーザーのほとんどがこの団地内にある日系企業であることが最大のメリットだ。そもそも、タイ進出のきっかけがこのアマタナコーン工業団地に入居している日系企業から仕事の注文があったからである。

❼少ない資金を効果的に使う

ここで普通の企業ならばどうこの団地内に入居するかということから検討を始めるが、バンテックはここの仕事を受けるのにどこに、どのような形で工場を立地させるのが一番経営に効果的かと考えた。

大島社長は中小企業の海外戦略論を熱く語ってくれた。

「私どもの業種では土地、建物などの初期投資に一億円から二億円かけると、どう計算しても資金回収はできません。事業は成功しても初期投資額は資金回収しないまま残ります。ましてや、コンサルタントなんかに金を出して雇うわけにはいきません。中小企業はみんなそんなものです。

しかし現在は、そんな中小企業でもアジア展開をせざるを得ないのです。だから、進出のハードルをいかに低くするかということにもっと努力をすべきです。今の公的な支援機関でのアジア進出モデルは高すぎます。最近、金融機関がどうしてそんなに少ない金額でアジア展開ができるのかと、うちに聞きにきます。できるだけていねいにお教えしますが、アジアビジネスも起業家精神なのですね」

経営に不可欠な設備資金や運転資金という資金力が圧倒的に不足する中小企業にあって、アジア進出における最も重要な課題は、いかに少ない資金を効果的に使うかということだ。多くの中小企業にとってこれからアジアへの投資が欠かせないだけに、その経費をいかに絞り切るかがいよいよ大切になっている。

「日本企業の中で一番少ない金額でアジアに進出することがうちの経営戦略なのです。そのために限りなくその可能性を探ります」とバンテックの大島社長はあくまで前を向いている。

株式会社バンテック

本社住所　〒三二七-〇三二四　栃木県佐野市山形町六〇二-一

電話　〇二八三-六五-一〇二六　FAX　〇二八三-六五-一〇二八

主な事業内容　冷凍・空調用ストレーナー・金属フィルター、カーエアコンコンプレッサー用フィルター、水洗機器・油圧、空圧機器・など金属フィルター

生産拠点　中国瀋陽市　瀋陽大島金属過濾網製造有限公司

タイ国チョンブリー県　VANTECMF. CO., LTD

―コラム―

冷房車や寝台車も出現し使い勝手のいい高速バス

中国国内の移動がどんどん便利になっている。例えば、新幹線快速線を使えば北京・ハルピン間が八時間、広州・深圳間が一時間程度で結ばれるようになった。料金は北京・ハルピン間で一等四六四元(五八〇〇円)、二等三八七元(四八〇〇円)、広州・深圳間で一等九六元(一二〇〇円)、二等七六元(九五〇円)などとなっている。

また高速バスも便利になり、主要都市間を結んでいる。例えば厦門・泉州間は冷房車で三五元(四四〇円)、冷房なしで二〇元(二五〇円)ほど、一時間ちょっとで移動できる。何より低料金で利用できるところが魅力だ。高速バスターミナルは主要都市の街はずれにある。もし日本人とわかれば配慮をしてくれ、冷房バスへ案内してもらえることが多い。

また、高速バスの中には二席分の座席を使った寝台バスもある。座席を水平にするのではなく、既にバスの中にベッドがしつらえてあるタイプで、料金は一般高速バスの二倍と考えればいい。夕方出発して、翌朝起きると目的地に到着するスケジュールで運行されていて、忙しい中国人には重宝されている。

背景には、中国の高速鉄道網と高速道路網が近年急速に整備されたことが挙げられる。こうした交通網を使えば、西部の奥地は別として、上海や北京などから中国国内の主要都市まで一日以内で行けないところはほぼなくなった。

仕事でも観光でも、中国国内では主要都市間は新幹線か高速バスで行き、現地の都市内はタクシーを活用するというのが、一番使い勝手がいいようだ。タクシーは少し交渉能力がいるが、一日チャーターして五〇〇元(六二〇〇円)~七〇〇元(八七〇〇円)ぐらいである。

なお中国の交通網については、中国の正月に当たる春節時期は混雑が予想されるので、この時期に出かける際にはよく調べておいたほうがいい。鉄道やバスなどの交通機関を使うと生身の中国人と接触できるのも魅力である。

3 ワンストップサービスで日本企業の進出を支援

何でも見てやろう精神で活路を開いた　アイ電子工業（ベトナム）

★ダナン市政府から依頼されリース工場を経営――オーナー系だからできる現地への貢献

中小企業でも、調査団や訪問団などの形でアジアの国々を訪れる機会は少なくない。その際、現地政府、あるいは地元自治体から、現地への進出などを含めて協力要請を受けることがある。こうした場合に、案件にもよるが「中小企業だからそんな体力はない」とばかりに、断ってしまうケースも多い。だが、考えようによっては、またとない飛躍へのチャンスでもある。オーナー系中小企業なら、トップの判断一つで決められるからだ。

❶「ベトナム風演歌」と企業家冥利

例えば、神戸市に本社があるコンフェクショナリーコトブキの場合、一九九二年にハノイとホーチミンンに菓子製造で進出し、現地で菓子製造の指導も積極的に行なった。当時、日本企業のベトナム進出は少数にとどまり、菓子分野では前例のない進出だった。それだけに、ベトナム政府から深く感謝されたことは想像にかたくない。

進出から九年後の二〇〇一年のこと――。ホーチミン市中心部のサイゴン川に面して日系のレジェンドホテルが華々しくオープンした。ベトナム側はこの共同経営者としてコトブキに話をもちかけてくれたのだ。

「あなたの会社は我が国に多大な貢献をしてくださいました。そのご恩は決して忘れていません。今回、わずかばかりの恩返しをさせていただければと存じます」というベトナム流の表現なのだ。

今でも、ベトナムに進出している日系のホテルはきわめて少なく、またホテルのようなサービス業は簡単に許可が下りない。ホーチミン市を訪れる日本人にとって同ホテルは貴重な存在になっている。

このエピソードを「ベトナム風演歌」と呼んでもいいだろう。彼らは、日本人から受けた恩義は時間がかかったとしても、忘れることなくお返しをしてくれたのだ。

ただし、いつでも「ベトナム風演歌」が期待できるとは限らない。場合によっては、忘れられることはないが時間がかかる。まさにお返しは忘れたころにやってくる。しかし、中小企業だからこそ、オーナーの決断一つで協力することができる。まさに企業家冥利につきる。

一方で、中小企業にとっては、十分なリスク管理が不可欠だ。

ラオス、カンボジア、ミャンマー、バングラデシュなど、日本企業の進出や支援を求めている国々は少なくない。現地政府や自治体から協力を要請された場合、まずリスクを限定することが必要である。資本金と工場建設費用、また事業がうまくいかなかった場合の撤退コストまで、確認し相手政府関係者と詰めておく必要がある。

❷ダナン市政府からリース工場経営への誘い

ベトナムと日本とは、二〇〇三年四月に当時のファン・ヴァン・カイ首相と小泉純一郎首相との間で日越投資協定が基本合意され（調印は同年一一月）、ベトナムへの投資もこのあたりから拡大していった。しかし、地理的にはハノイやホーチミンが中心で中部地区への進出は少なかった。ベトナムとしては、中部ベトナム地区への日本の中小企業の進出促進を図りたかった。

実は、ベトナム中部のリース工場という存在は日系企業にとってもありがたい。ハノイ、ホーチミン地域に比べて割安で工場をリースできるというメリットがある。

一方、アジアに展開する日系企業にとって、自前で工場を建設できない業種も多い。工場を建設しても、長期の操業計画が立てられないからだ。アジアに進出した日系企業は、生産コストなどを考えながら常に立地を見直している。

例えば、縫製工場のような場合、人件費が生産コストの大きな部分を占める。アジア企業の追い上げや人件費の上昇度合い、つまり現地の経営環境は三～五年で大きく変わってしまう。それなら、入居して一ヵ月程度で操業できるようになるリース工場のほうが、機動的だし、合理的な選択ということになる。

実際、タイ、フィリピン、マレーシアなどに生産工場がある日系企業は、現地の生産コストが高くなったため、よりコストの安い他のアジア地域に生産拠点を移している。

リース工場の建設と運営は、普通は簡単には許可が下りないため、もし成功すれば半独占的な立場を享受することができる。中小企業が政府からの信頼に応えられた成果は、時間がかかってもけっして小さくないはずだ。

次に紹介するアイ電子工業の場合は、ベトナム中部のダナン地区に二〇〇五年に合弁リース工場経営で進出したが、これもダナン市政府からの要請を受けたことがきっかけだ。当時は、国内の同業者からは「無謀」とも言われたケースである。

❸日本とベトナムの融合を考える

アイ電子工業は、本業はエレクトロニクス業だが、特異な経営手法を取っている。その多角的な事業を具体的に挙げると、次のようになる。

（1）本業のエレクトロニクス業は、小型通信機器、基地局アンテナ、プリント基板実装から大型の検査装置まで手広く展開。ほかに次のような事業を行なっている。
（2）オゾン水簡易型濃度計、オゾン水生成器などの環境保全事業。
（3）隻手手織り機などの福祉機器事業。
（4）線香着火器、ペット用歩数計などのアイディア商品事業。
（5）中高年の経験や技術を生かす玄人軍団、人材派遣事業。
（6）パソコンの再生などの資源再生事業。
（7）ベトナムのダナンで日本企業向けにリース工場の運営。

七番目のリース事業だが、普通はまず自社の工場をベトナムへ進出させ、副業的にリース工場も運営するケースがほとんどだ。だが、同社の場合は工場を進出させず、リース工場だけを運営する特異なケースである。

ベトナムのしかも開発の遅れている中部都市のダナンで、リース工場のみ運営するとはどんな発想なのか、私にはとても不思議だった。そして現地に出向いて、話を聞くと、アイ電子工業の遠大なベトナムビジネスビジョンを聞くことができた。そこで、二度びっくりした。

このビジョンには、二〇〇五年の二ヘクタールのリース工場の建設着手から、二〇一五年の一〇ヘクタールの第二期リース工場の運営、植物工場の新設計画までが綿密に描かれていた。

いまだに多くの日本企業は、物を安く作る、現地に販売するという当面の短期的な経営課題に縛られている。いわば「今日の生活のため」にアジアに出かけている。一〇年後、二〇年後の計画も考えなくはないが、それほどの長期のビジョンを持って望んでいるわけではない。

アイ電子工業のビジョンの中で特に注目すべきは、単なる工場の進出、リース工場の運営だけではない点だ。

「ベトナムから研修生を受け入れる。日本から部品企業をダナンへ集団で持っていく。日本からの進出企業向けに人材募集、政府の各種手続き、物流、経理事務、翻訳・通訳の各種支援サービス業務を行なう、現地企業への外注ルートの開拓を図る…」

など、ベトナムと日本を融合させる事業を体系的に考えていることだ。

中小企業は大手商社などに比べると人材力、資金力で圧倒的に非力だから、これくらいのビジョンを持ち、現地に根ざしたかたちで差別化するのがよいだろう。

❹中国プラスワンの受け皿として

リース工場のあるダナンは人口一〇〇万人の都市で、一〇年前のホーチミンという感のする、なつかしい昔のベトナムだ。近隣に、フエ、ホイアンと二つの古都、世界遺産に囲まれたリゾート都市でもある。

アイ電子工業のリース工場は、このダナン市の北西部ホアカイン工業団地の中にある。この団地は、マブチモーター、ダイワ精工など日系企業が進出しているエレクトロニクス系企業の多い団地だ。ちなみに、ダナンにはまだ日系企業は五〇社程度しか進出していない。この団地はいわば日系企業進出のさきがけとも言える団地である。

リース工場の会社名は「DAKU―JV」（DANANG INDUSTRIAL & KINDLY UNION）で、資本金は

リース工場のあるダナン市北西部のホアカイン工業団地の入口

一五四万米ドル。うち六五%をアイ電子工業が持ち、土地を提供したということで三五%をダナン市の経営するダナン工業団地インフラ開発公社(その後、ベトナムの民間企業に売却)が保有した。ベトナム側は、役所の許認可の支援と役員会に出る程度で会社の運営は、ほとんど日本側が行なっている。

リース工場の二ヘクタールの中に八棟の建物が並んでいる。リース工場の入口に管理棟があり、七つのリース工場のうち既に五つが入居し、一つが予約済みで残りの一棟も入居の動きがある。さらに、現在第二期工事を計画している。また、事務所棟には、ＩＴ関連会社などが三社入居している。

これは何か妙な感じもする。そもそもダナ

ン全体でさえまだ日本企業が七〇社前後で、進出はなかなか進まない。それが目の前に五社も入居し操業しているから、不思議な感じだ。

まずそのことを、アイ電子工業からの出向で、同社のジェネラルマネージャーを務める西山厚實氏に聞くと、次のように語ってくれた。

「うちは、一〇年前からベトナム経済研究所などのお世話もあり、何回も調査しそれなりの予測を行ない、二〇〇五年から工事を始め、〇六年からリース事業を開始しています。まわりからは、無謀とも、ハイリスクとも言われてきましたが、このリース事業が始まりだしたころから、日本企業の『中国プラスワン政策』が本格的に始まりました。その一番手にベトナムが挙げられました。しかし、ハノイ、ホーチミンはすぐに飽和状況になる、それならダナンだということになったのだと思います」

❺個別立地より早期に割安で操業

さらに西山氏は続ける。

「それに、日本企業にとって独自に自社工場を建設するのではなく、リース工場というのがよかったと思います。もう、どの日本企業の経営も五年、一〇年と長期に見渡せる分野は少なく、初期投資資金がかからず、だめならすぐに引き上げられるこのリース工場の仕組みが良かったと思います」

なぜなら、同社の工場におけるリースの最低契約期間は標準仕様で三年、特別仕様で五年ですむから、きわめて機動的に動ける（もちろん継続は可）。

家賃も標準仕様で床面積㎡当たり月額四米ドル（守衛、構内保守料などの管理費〇・五米ドルを含む）であるから、安いとは言えないが、適切な価格である。一番大きいリース工場の場合で一九〇〇㎡（工場一五〇〇㎡、オフィス四〇〇㎡）で月額六八万円、年間約八二〇万円になる。

このほか、入居時に権利金三ヵ月分、預かり金三ヵ月分を支払うから、四八〇万円で入居でき、年間で八二〇万円の家賃を払う。五年間入居すると四一〇〇万円であるから、ベトナムで個別に立地するより格段に安く、便利だ。

それに、同社が政府への投資手続きをワンストップでサポートしてくれる上、社員食堂、医務室、駐車場、駐輪場、会議室などの共同施設をリース工場側の方で運営してくれるから、進出する時にとても助かり、かつ安心だ。この部分を自社で行なうと経費もかかるが、それ以上に手間がかかる。特に三度の食事は社員にとってとても大事で、下手をすると経営の根幹にかかわりかねない。このわずらわしさから解放されるだけでも効果が大きい。

リース金額はいかにも高そうだが、もともとベトナムでは土地の所有はできない。国から借用する形で、一〇～五〇年間の賃借契約をする。優遇地以外では賃借料が高く、実際に土地を賃借し、工場を建てると、とてもこんな額ではすまない。この額でも最小単位の進出方法と言える。

❻課題となる人材確保

このリース工場に入居しグローブを生産しているレガン・ベトナムの石川義高社長は、次のように語る。

「うちはフィリピン工場の一部を移転させました。まだ、進出してから日が浅く、現時点ではフィリピンの人件費のコスト高に対応しているとは言えないのですが、予定通り進んでいます。このリース工場の強味は、低コストですぐに進出できたこと。そして投資手続きと工場建設の時間をカットできたこと。この経営効果は、とても大きいと思います。

今日の経営は時間が勝負です。工場の立ち上げのスタッフは、日本人は私のみで、後は工場長を含めすべてフィリピン人社員です。アジア企業が追い上げてきていて、何年間この体制で持つのかわからない状況ですから、我々にとってはとても助かる施設です」

一方、石川氏は問題点についてはこう語る。

「意外にこのダナンはワーカーが集まらないのと、そのワーカーがあまり残業をしたがらないのです。これは今までのアジアにはない体験で、頭を悩ませています」

どうも、ホーチミンやハノイと異なり、出稼ぎ工場労働者向けのアパート産業がまだ発達していないようだ。そこでダナンでは日本企業は田舎から出てきたワーカーにアパートの家賃補助などを行なっているが、なかなか本質的な解決策になっていない。

また、ダナンのワーカーは家族中心主義で日常の生活を大事にし、一日二時間程度の残業が一番喜ばれる。それ以上はあまり残業したくないようだ。ベトナムの中部都市ダナン進出の課題は意外にも人材確保となるかもしれない。

先の見えにくい時代だが、それだけにアイ電子工業のケースは、中長期的な視点で海外戦略を考える重要性を教えてくれているのではないだろうか。

株式会社アイ電子工業

本社住所　〒三二四‐〇〇四七　栃木県大田原市美原三‐三三三三‐一二

電話　〇二八七‐二三‐〇〇五七　ＦＡＸ　〇二八七‐二三‐〇一六二

主な業務内容　電子機器製造・販売（携帯端末組立、大型装置類、測定器ほか）

ソフトウエア開発・情報機器ハード組立

環境エコ商品（オゾン生成機、木質ペレット造粒、家庭菜園キット、その他）

医療・介護機器（隻手手織り機、オゾン水手洗い器、立位車椅子）

出版事業（栃木弁会話集・カルタ）

アイデア商品（線香着火器、熱交換ファン、その他）

日系企業向け海外レンタル工場経営（ベトナム国ダナン市）

年間売上高　二三億六〇〇〇万円（二〇〇九年一二月決算）

—コラム—

フエで乗った白バス

アジアを旅すると、躍動し高揚感にあふれる若者たちに出会うことができる。

ベトナムのダナンからフエに行った時のことだ。タクシーに乗りダナンに戻るバスターミナルに行こうとしたが、タクシーの運転手が理解してくれない。どこに行きたいのか聞かれたので、こう答えた。

「ダナンに行きたい」

「前の車だ」

タクシーの運転手が教えてくれた。

バス停があるわけでもなく、三〇人乗りぐらいのマイクロバスが一台停まっているだけだ。二〇歳前後と思われる若い男が「ダナン、ダナン!」と叫んでいる。運転手を見ると、よく似ている。弟が車掌兼呼び込みをやり、兄弟で白バスを経営しているのだなとわかった。ダナンからフエまで約二〇〇〇円である。

さっそくバスに乗り込んだが、バスの補助席がなかなか埋まらない。弟は、バスの前で声をからして、客集めを続けている。汗だく姿であった。しかし、どうしても補助イス分三席が埋まらず、三〇分も待たされることになった。

この時、思い出したのが、昭和三九年ごろに流行った井沢八郎の「あ、上野駅」である。集団就職が盛んなころだ。中学を卒業してすぐに就職した少年少女たちの日々の暮らしは、今と比べると、けっして幸せな状況ではなかった。だが、あのころの日本は、若者たちが一番光り輝いていた時だった。先が見えないから、人は充実する。社会は確実に豊かになっていく。特に若者は、明日はどうなるのだろうかと、とわからない分だけ期待感も大きいのだ。

フエで出会ったあの兄弟は中古の白バスながら、新しい都市型のりっぱな仕事をしているという感じに見えた。どこか光り輝いていた。情報が拡がり、先が見え出すと、社会の活力は落ちてくる。高度成長になりかかった時期が一番活力のある社会である。

4 海外人脈のつくり方、生かし方

ベトナムに惚れて、尽くした　三谷産業（ベトナム）

★日系企業として現地に一番乗りして人脈づくり――ステップを踏む慎重さとの合わせ技

❶ベトナムは信頼できる国と確信

例えば、専門商社のような業種の会社が、「国内商圏はやがて縮小するだろう」と予測して、ものづくり分野に進出しようと考えた。しかし、ものづくり大国である日本の国内市場で、専門商社が新規参入して生き残るのは容易ではない。

そこで、海外ということになるが、多くの日系企業が進出している米国や中国沿岸部ではなく、あまり日系企業が進出していない国や地域を目指すという手がある。

日系企業が出ていない地域に進出することはリスクがともなう。だが、考えようによっては日系企業としてその地域に一番乗りか、あるいはそれに近い段階での進出なら、現地の政府関係者に歓迎され、人脈もできやすい。

ただし、中堅・中小企業の場合には資本力が脆弱なことも頭に入れておく必要がある。急いで進出して負いきれないリスクを抱えてしまっては元も子もない。念には念を入れ、「石橋を叩いて渡る」慎重さも必要だ。このあたりは、中堅・中小企業のトップならではの現場感覚がものをいう。

「現地への進出はすばやく、ただしビジネス展開は人脈づくりに時間をかけてゆっくり進める」という経営戦略が浮かび上がってくる。

アジアを廻ると時々とんでもない日本企業に出会うことがある。例えばここに紹介する技術集約型商社である三谷産業の場合、ものづくりで新規参入を狙ったうえで、九〇年代に海外展開を目指した。

きっかけは、進出地域を選ぶ段階の一九九二年に、ベトナム投資ツアーに同社の三谷充社長(現会長)が参加したことに始まる。この時、三谷社長はベトナム人の勤勉さと真面目さに衝撃を受けた。

「この国は必ず伸びる。彼らは信頼できる。三谷産業もこの国の将来に託したい」と三谷社長は考えた。

それも当初は確たる事業目的は持たずに進出したのだから、すごい。

同社が九二年に進出を決めた後、まず駐在事務所をハノイとホーチミンに作るのが九六年のこと。この時、駐在事務所をハノイとホーチミンと二ヵ所に作ったのがポイントだ。その後同社は、新規事業を始めたり、ハノイ工科大学など現地の大学との産学連携を行なう時も、常に首都のハノイと商都のホーチミンの二ヵ所で行なっている。

しかし、三谷産業は一気にベトナム進出したわけではない。まず九四年にホーチミンで水産加工向けにドライアイス・ピュアウォーターなどを製造する合弁事業に進出した。その後、ベトナムでは飲料水の水質が良くないということから「E－WATER」という飲料水を合弁会社で作り始めた。これは既に日本人にもなじみのある名前だが、多くの人に愛用された。

この事業を通じて人脈を広げたほか、ベトナム進出の際の許認可の取得やさまざまな手続き方法などのノウハウを習得していった。この段階では、大きく手を広げて収益拡大を狙っていないことに注目したい。

ベトナムは、中国などと違って、輸出加工区以外では現地生産の認可が簡単には下りない。このため、現地生産に向けた交渉など、ベトナム式の進出や事業ノウハウを学ぶ必要がある。

❷「関所方式」のベトナム投資

日本企業のベトナム投資は、ベトナム人の勤勉さと真面目さ、それに手先の器用さが加わって、スタートはとても良かった。しかし、その後が続かない。過去何度かベトナム投資ブームがありながら、日本企業の今までのベトナム投資総件数約一六〇〇件という数字がそれを物語る（中国は五万件）。

中国がどちらかと言えば性善説で、投資してくれさえすれば、良いと思われる企業でも悪いと思われる企業でも、どんどん入れたのに対し、ベトナムは性悪説で考えるため、関所で一件一件じっくり吟味する。これに嫌気がさし、投資活動が鈍る。これまで日本企業のベトナム投資はこれの繰り返しである。

三谷産業のすごいところはベトナム熱がさめなかったどころか、ここまではベトナム投資の「練習試合」と位置づけたことだ。確かに、ベトナムは国民の勤勉さと真面目は評価できる。しかし、ベトナム型社会主義市場は少し様子を見なければリスクも多い。練習試合を何試合かこなし、会社としてベトナムを理解してから進出しようとしたのだ。

AUREOLE CONSTRUCTION SOFT-WARE DEVELOPMENT　INC.

同社が、ベトナムに本格的進出するのは、九七年からだが、まず化学品の製造販売会社を設立した。既にホーチミンで展開していたドライアイス・ピュアウォーター事業との縁で、現地に進出していた日系企業から、プリント基板製造から出る廃液処理や排水の生成分析などを依頼されたのがきっかけだった。

同社は、この機会をチャンスとして排水・廃液処理のノウハウを蓄積して環境コンサルティング事業にも乗り出した。

さらに二〇〇一年には、一〇〇％子会社「AUREOLE（オレオ）CONSTRUCTION SOFT-WARE DEVELOPMENT INC.(ACSD社)」と「AUREOLE（オレオ）INFORMATION TECH-NOLOGY INC.(AIT社)」という二つの

子会社を設立した。

前者はマンション、オフィスビル、工場等の空調、衛生設備の設計図、施工図の作成と積算業務の会社であり、後者はＩＴ関連のソフト開発会社である。いずれもが三谷産業の本社が受けた仕事をベトナムでの子会社が受託するのが中心である。

❸親ベトナム企業に仲間入り

この二つの会社は、ホーチミン市の目抜き通りにあるオフィスビル「Sun Wah Tower」の一九階と「ＦＩＤＥＣＯタワー」の一五階にある。

やはり、ベトナムでも優秀な新卒技術者を採用するのは簡単ではない。そこで、家賃は少々高いが、若者に人気のある有名なオフィスビルに入居したのだ。

そして駐在事務所と同様、ハノイとホーチミンの二つに作るというやり方で、ハノイにも事務所を置いた。注目すべきは両社の会社設立日が二〇〇一年三月二八日で、会社設立の申請はその前々日。駐在事務所をつくるのには二年もかかったが、今度はわずか二日で認可がおりている。

先に述べたように、ベトナムと中国の投資許可の大きな違いは、「良いか悪いかはともかく、まず入れて見よう」が中国であり、「関所方式でよく吟味して入れた方が安全」がベトナムである。

正式投資認可件数が、中国が五万件、ベトナムが約一六〇〇件という差は、実はここにある。逆に、関所を通過しベトナムで信用を得ている企業は抜群に強いわけだ。「長谷部建設」、「住友商事」、「エアコンサービス」、「キヤノン」、「野村證券」などがこれに当たる。

三谷産業もこのベトナム認可企業の一つであり、二日で認可がおりたのもそのためだ。あうんの呼吸でベトナム政府との間で相手がどう考えているのかがわかる状況になっている。後は自社でベトナムビジネスをいかに料理するかということになる。

さて、まずマンション、オフィスビル、工場等の空調、衛生設備の設計図、施工図の作成および積算業務の「ＡＣＳＤ社」方だが、作図のコスト比較をすると、日本本社の半値に近い。これは生産性の向上や組織運営の効率化、技術者の稼働率の平準化を図ることにより実現されている。

❹常連ほど多いメール便

建築図トレースなどの単純作業以外は、日本で一度研修を受けてから作業させることを原則にしている。これは、技術、設計を勉強することもあるが、日本の仕事の仕方、発注企業の姿勢を把握させ、品質と納期がいかに大事かを学ばせることにある。

ベトナムは、若くて優秀な技術者が多い。賃金が安く、祝祭日は比較的少なく年間で一〇日ほどだ。年間で安定した仕事の処理ができる。良いことずくめだ。それでも日本のユーザーは不安だろう。常連は事情がわかっているためそうでもないが、新しいユーザーはベトナムで設計しているというだけで不安になる。

そこで、同社はこれらの「それでもベトナムは心配だ」と言うユーザーのために、インターネット上でサービス提供されているWEB会議システムやファイル共有サービス、スカイプ電話システム、あるいはメールなどを活用してコミュニケーションツールの多様化を図り、コミュニケーション充足度の向上を図っている。

また電話については、同社の国際専用線を利用すれば、同社の日本支店経由のため、同支店までの国内電話代でこと足りる。

これらのツールを利用して、作図の依頼書の送付、質疑応答、図面チェック、修正、納品まで、ユーザーの担当者とベトナムの担当者が日本語で密に連絡を取り、日本で発注したのと同じ体制にしている。ベトナムでの仕事に慣れた企業ほど、電話やＷＥＢ会議ではなく、メールでの連絡が多くなっている。

ＡＣＳＤ社の金山純社長（当時）はベトナムの効用をこのように語る。

「ベトナムと日本には二時間の時差があります（日本より二時間遅い）。この時間差は意外に有効に使えます。日本のユーザーが会議をして、午後五時に急ぎの仕事を発注したとする。この時ベトナムはまだ午後三時です。残業して仕上げ、日本にメールで送り返す。翌日、日本側が朝一番でチェックをすると、午前一〇時にベトナムに送付してもベトナムはまだ午前八時です。ところが、同じソフト開発基地であるインドだと三時間半の時差ですから、なかなかこんなにうまくはいきません」

❺驚くような翻訳の速さ

一方、ＩＴ関連のソフト開発を行なう「ＡＩＴ社」も同様にユーザーと連結した開発体制になっているが、違いは社内に翻訳チームを設けていることだ。日本からの発注書は、一度この翻訳チームですべてベトナム語に翻訳してから、開発チームに渡る。日本のユーザーからのソフトウエア開発の質疑応答などの対応は、翻訳チームが行なう。これは、マンション、オフィスビル、工場などの建設関連の設計は、図面を見ただけで、共通する部分の多いことがわかるが、ＩＴ関連のソフト開発だとそうはいかないからだ。発注書は日本語なので、当然翻訳チームでベトナム語に訳さなければ仕事は進まない。しかし、翻訳チームは驚くほど翻訳が速いのだ。

このＩＴ関連のソフト開発については、外から仕事が取れるようになった。取引などしていないベトナム国内の会社からも注文が入る。この仕事をベトナムで始めたおかげで新しい体験の連続である。

同社は、長年ハノイ工科大学、ハノイ国立大学、ホーチミン自然科学大学と産学連携を行なっている。三谷産業が良い人材を確保するためのネットワークづくりという直接的な目的もあったが、現在ではかなりレベルの高い共同研究も行なうまでになっている。三谷会長（当時社長）のベトナム投資ツアーから早くも二〇年。実りも大きくなってきた。

三谷産業株式会社

金沢本社　住所　〒九二〇‐八六八五　石川県金沢市玉川町一‐五　電話　〇七六‐二三三‐二一五一
東京本社　住所　〒一〇四‐八二七〇　東京都中央区築地六‐一九‐二〇　電話　〇三‐五五五一‐〇二〇〇
主な業務内容　情報システム、樹脂・エレクトロニクス、化学品、空調設備工事など
年間売上高　五一八億三五〇〇万円（連結・二〇一〇年三月期）

5

日本式サービスを直移転

運送業の殻を破った　多摩運送（中国）

★アジアが敬意を払う日本仕様は信頼の印――日本式ビジネスモデルで顧客拡大

運輸業というのは、きわめて「内向きな産業」である。つまり、内需関連分野に入る。これまで中国では、運輸の外国企業の参入は厳しく規制されていたが、二〇〇一年のＷＴＯ正式加盟以降、二〇〇四年から物流事業（貨物輸送、倉庫業など）の外資規制が次々に開放され、いまや外資の独資でも参入が認められるようになった。

しかし、これまで規制が強かったこともあって、日本企業による中国国内の輸送は現地の運送業者への業務委託が主流であり、また内陸部への進出はきわめて少なかった。

❶物流需要が急拡大する中国

この分野では、日本を代表するようなヤマト運輸や佐川急便なども中国に参入しているが、現地中国の運輸会社への委託が中心だ。既に進出しているケースでも、合弁形式が大半である。参入が認められたからといっても、実態として認可を得て運送業を始めるのは簡単ではない。ただし、参入して日本式のきめ細かく機敏な輸送体制が組めれば、業績拡大が期待できる。

中国は、景気刺激策の一環として、「内需の時代」が到来している。自動車から家電、一般雑貨品まで内需を満たす輸送需要は拡大しており、将来性が見込める業種でもある。

中国の運送業は、資本レベルがそれほど大きくなく、またサービスレベルも日本国内に比べると相対的に低い。このため、欧米あるいは日本では当たり前になった近代的な物流システムである「三ＰＬ」は、まだ十分に理解されていないようだ。

三ＰＬとは、サード・パーティー・ロジスティクスの略で、輸送・保管のほか、在庫管理や仕分け、梱包などの作業を含めて業務を受託できる包括的なアウトソーシング・サービスのことだ。成長を遂げる中国では、物流システムも、最新の三ＰＬシステムが求められていることは言うまでもない。必要な時に必要なだけの部品や製品を、ジャスト・イン・タイムで提供してほしいという要求は高まっている。

部品や製品の保管のためには巨大な倉庫も必要だが、倉庫があれば三ＰＬが実現できるわけではない。そこには、倉庫で貨物を管理するだけでなく、必要に応じて荷役を行ない、迅速に配送するというソフトのノウハウが欠かせない。

この背景には、ここにきて中国国内の道路インフラが整備されてきたことも大きい。「五縦七横」と呼ばれる三万kmを超える高速道路網や、それに関連する道路の整備が進んだ結果、陸路での大量輸送が可能になり、トラック輸送もスピードアップが可能になった。

地域的な問題だが、日本の運輸会社が上海や大連といった沿岸部に進出するケースはこれまでにもあった。だが、内陸部への進出はきわめて少なかったと言ってよい。

以下に紹介する多摩運送の場合には、瀋陽という内陸部に出たこともあって、当初、営業回りにも苦労したようだが、「内需の時代」にうまく適合した。東北三省を中心の営業エリアにして業績を急速に伸ばしている。

❷目を見張る瀋陽の変化

アジア開発銀行によれば、二〇〇九年の中国経済は九％の経済成長率を確保したが、輸出が前年対比で一〇％減少したままでの数字であるから驚異的と言ってよい。

それでは中国の内需とは何かだが、大きく①「家電下郷」に代表される一般消費、②新幹線、地下鉄、道路に代表される公共事業、③ほぼ全国規模となったマンション、オフィスビルの不動産事業などに分かれる。

これを今回の舞台である瀋陽で見てみると、一般消費を見ると瀋陽駅前三〇〇m内はブランド店、家電量販店、国際ホテルが並ぶ。伊勢丹だけではない。まわりはブランド店ばかり。ここは中国東北部の中心地として上海、北京並みの街になろうとしている。

次に、公共事業だが、瀋陽では地下鉄工事と大連への新幹線工事を進めている。そして、これも瀋陽だけではなく、上海でも、北京でも、広州でも地下鉄工事と新幹線工事、道路などの公共事業が行なわれている。

瀋陽の街のイメージが変わり、こんなところまでと思われる郊外まで、マンションやオフィスビルの建設が進んでいる。誰が住んでいるのか。伊藤忠の瀋陽事務所の社員と意見交換をしたが、多くの中国人社員がマンションをローンで購入していた。

❸中国国内の輸送のみで進出

高度成長時代を終え成熟期経済を迎えている日本は、二〇〇八年九月のリーマンショック以降、一〇〇年に一度の大変革期が重なり、企業の経営は厳しくなっている。売上高が前年対比大幅減となる会社は、もはやざらになっている。日本企業が今まで通りのビジネスモデルで、今まで通りのユーザーに、今まで通りのサービスを行なうならば厳しいだろう。

それでは、同じビジネスモデルでも内需の伸びの大きな中国に持っていったらどうか。これはまったく新しい展開となってくる。多摩運送の中国展開は、まさにこのことを端的に示している。内需産業といえども、隣の国の巨大なマーケットを見逃す手はない。

日本から多くの運送会社が中国に進出しているが、ほとんどが日本と中国の輸送をメインにしている。日本企業が中国に工場を出した。機械設備や部品、原材料を日本から中国の工場に輸送する。中国から製品を日本に輸送する。もう少し細かく言えば、日本の工場から中国の港

瀋陽多摩運輸有限公司の大型倉庫

までがメインであり、中国国内の輸送はサブである。

ところが、多摩運送は日本との輸送をしていない。中国国内の輸送のみだ。そして、最も異なるのは、自社で実際にトラックを所有し、運転手を雇い直接トラック運送事業を行なっていることだ。中国に進出したほとんどの日本企業が、中国国内の輸送は現地の運送会社に委託している。これを同社は直接行なっている。

なぜ、多摩運送の現地子会社・瀋陽多摩運輸有限公司がこんな業務内容になったのか。これも不思議な縁だ。一九九六年に日本での得意先である大手の電機メーカーから、「エレベーターの工場を瀋陽に作る。輸送業務もかなりあるので進出しないか」という雲をつかむような話をもらった。

普通の運送会社だとここで聞き流して終わりになる話だが、同社はこの話に乗った。というのも、一九四九年に米屋の配送事業で創業して以来、同社はメインのトラック輸送のほかに通運事業、緊急便事業、セキュリティ便事業、超精密機器輸送事業、重量物輸送事業と、まず本業のウイングを広げたほか、産業廃棄物事業、倉庫事業、トランクルーム事業、流通加工事業、荷役・包装事業、自動車整備業、自動車販売業、業務請負事業、人材派遣事業、ソフトウエア業と、次々に新しい話に乗る貪欲さを持ち、企業を成長させてきたからだ。

❹運転手の給料は相場の倍

多摩運送の企業活力の原点は、この新しい話に乗ることにある。さて、あまり前例のない中国国内輸送専門の運送会社は、当時現地の国営企業であった中国瀋陽第一運輸実業有限公司との合弁会社「瀋陽多摩運輸有限公司」としてスタートした。日本側が六二・五％、中国側が三七・五％の出資比率である。

しかし、スタートから七年後の二〇〇二年まで、業績は伸び悩んでいた。その理由はいくつかある。

第一は、当てにしていたエレベーター工場の仕事があまりなかったこと。

第二は、瀋陽にはユーザーとなる日系企業が少なかったこと。現在でも瀋陽には日系企業は実質一〇〇社ほどしかいない。上海、大連と異なり、まだ日系企業は少ない。その上に瀋陽に進出する会社は、輸出より内需中心の仕事となるが、その内需そのものが当時それほど大きなものとなっていなかった。

第三は、運送業務の仕事の仕方が中国的でゆったり、もったりしたやり方で能率が悪く、とても幅広に営業して売り上げを拡大させるやり方ではなかった。これが現在ではまったく別の会社のようになっている。

まず運転手の給料だが、現地の平均では一五〇〇元（二万八七〇〇円）のところを倍の三〇〇〇元（三万七五〇〇円）出している。そのかわりに、同社の運転手は、日本の運転手と同じように働くことが求められる。朝八時に出勤し、まず午前一二時までは、例えばA社のタイヤ工場から自動車工場へタイヤ輸送の仕事、昼食をとり午後一時から三時まではB電池工場向けに日本からの部品輸送の仕事、三時から六時までC電機会社の商品を家電量販店に運ぶ仕事となる。

❺五〇年分ビジネスモデルを進める

日本と同じようにオーダーの受付から、配車、配送、荷物情報などをシステム化させ、車や荷物がどこにあるのか、効率的に動いているのかを常にチェックできる体制にした。

「給料を倍払いましょう。しかし、仕事も倍してください」こんな仕事のやり方にした。しかし、これはドライバーにとっては大変な意識改革だ。それまでは、その日にA社の仕事があれば、それで終わりだった。だから日本と同じように一日フルに動くことは考えられない。日本で言えば、昭和三〇年代から現在まで、五〇年分もビジネスモデルを進めたのだ。

「頼むから、だまされたと思って三年間俺の言うことを聞いてくれ、それでうまくいかないと俺は日本に帰る」

伸び悩んでいた多摩運送の中国事業に何とか目鼻をつけるため、日本からやってきた同社の大貫明総経理(当時)が、社員との車座論議で使った「決めぜりふ」である。

「君たちは、お金が欲しくはないのか」

「この会社を大きくしたいとは思わないのか」

「運送のプロになりたくないのか」

時には刺激的に、時にはプライドをくすぐり、時には利益をからめて彼らに語りかけた。

最初は、「やはり無理か」と思ったが、何度も何度も話していくうちに局面が変わる。もともと優秀な民族であるだけに、飲み込みは早い。同社は今では日本並み、いや日本以上に最先端の輸送が行なえるようになった。

❻中国全土への配送を実現

この「意識改革」を行なってからの異変が二つある。一つは社員が辞めなくなり、定着率が一気に高まったことだ。給料が倍なのだから辞めるわけにはいかない。

二つ目は荷物を大事に扱うようになったこと。お客に喜ばれるサービスが売り上げを伸ばす秘訣であることがわかってきた。

こうして、瀋陽多摩運輸有限公司は日本並みの輸送、品質管理、アフターサービスが実現できた。おそらく、中国で一番の運送会社になるだろう。体制が整えば次は営業である。

「日本の運送会社並みの体制を整えろ、仕事はいくらでもついてくる」社員にこう言った手前、今度は大貫総経理（当時）にプレッシャーがかかった。

しかし、運のいいことにこのころから中国の内需が本格的に増加してくる。〇四年から同社の貨物輸送は、ほぼ倍々で増えてきた。ユーザーはほとんど日系企業。自動車、家電、機械などほとんどの業種を網羅している。輸送範囲は、瀋陽と大連（大連多摩物流有限公司）から中国東北部を中心に上海、天津、成都、西安など中国全土に配送する。

そして、〇九年の七月に、別会社「瀋陽多摩包装有限公司」が大型の倉庫をオープンさせた。敷地三万坪、一号倉庫が三〇〇〇坪、二号倉庫が二〇〇〇坪で、倉庫、荷役、梱包を一体で行なう本格的なものである。

もっと驚くのはこの倉庫を借りる日系企業が竣工と同時にほとんど決まったことだ。中国の内需の勢いがいかにすごいかを物語る。日系メーカーが市場を見込んで作りだめをするが、製品の在庫を工場に置ききれないので、いつでも出荷できるよう同社の倉庫で保管してほしい。こんな日系企業のニーズを汲み取り、整備した。

「そのうちに本社も中国に移すようですね」

私が質問すると、瀋陽多摩運輸有限公司の直井修二総経理からは、

「一時はどうなることかと思ったのですが、パートナーにも恵まれ、中国経済の勢いになん

とか乗れそうです。しかし、油断は禁物ですね」と慎重な言葉が返ってきた。
トラック運送は、輸送量の伸び悩み、物流コストの圧縮で日本国内ではひどい状況にある。しかし、日本企業が今まで積み上げてきたノウハウは並大抵のものではない。このノウハウをアジアで生かそうと言う気になれば、まったく異なる展開になってくる。

多摩運送株式会社

本社住所　〒一九〇‐八五〇八　東京都立川市富士見町六‐四九‐一八
電話　〇四二‐五二六‐一二三一
主な業務内容　貨物自動車運送事業、貨物運送取扱事業、倉庫業、自動車整備事業および自動車販売業、梱包業および流通加工業など

―コラム―

迷子になった巨大な和食レストラン

中国・広州の日本料理店で迷子になったことがある。

中国では健康食ブームもあいまって日本食、つまり和食レストランの人気は高い。その和食レストラン「中森名菜」は、広州市新都心のビジネス地、天河路の大きなビルの二階にある。

座席数は約一〇〇〇席、従業員が一五〇人もいるという巨大さで「世界最大の日本料理店」というのが、この店のキャッチフレーズである。連日、多くの中国人でごったがえしていて、オーバーではなく、一度トイレに立つと方向音痴の人は席に戻れない可能性もあり、私も実際そうなった。

さしみ、鰻、煮物、焼き物、うどん、そばなど日本食の定番料理は何でもある。ナマコやアワビもそろっている。中でも、すき焼きは中国人が好きなメニューの一つだ。

リーマンショック以降、広東省の生産基地が内陸部に移ったこともあって、現地では高級料理である和食レストランブームは、下火になったのではないかと考える人が多いかもしれない。

だが、それはホテルに入っている一流レストランの話だ。和食レストランにも、上・中・下の三つのクラスがある。上の部類に入る一流ホテル内の和食レストラン、またはそのホテル周辺で日本人の社用族相手の店は、多少は厳しいかもしれない。

しかし、中国人客を相手にする中堅クラス以下の店は、最近の内需拡大機運の中、所得の増えた中国人たちで盛況を続けている店が多い。ちなみに、広州で私が入った「中森名菜」は、中の中といったところだろう。

中の上となる「小山」という和食レストランは、同じ広州の店だが、そこには日本酒の久保田が置いてあった。しかも、久保田の中で「百寿」「千寿」「碧寿」「万寿」まで揃っている。中国の和食ブームは、日本人の想像をはるかに超える水準にある。

昨年暮れ、北京のホテルニューオータニにある日本料理店では日本人客は私一人で、他は中国人であった。この高級店も次第に中国人がカバーしつつある。

6
食品産業の成功のカギは機密保持

夫婦春秋で成功させた　松井味噌（中国）

★中国の食品産業で最大のノウハウは機密保持――差別化を維持するには独自の対策が必要

食品加工分野は、参入がしやすい。つまり資本さえあれば誰でも始められる。このため競争は激しく、中国で成功している日系の中小企業はきわめて少ない。中国では、自分の会社で雇ったごく普通のワーカーがライバル企業を立ち上げるケースも少なくない。

日本は島国型で閉鎖的市場であるため、コピー商品とわかれば、流通段階ではねられる可能性も高く、市場拡大は期待できない。しかし、中国のような大陸的開放的市場では、品質がそこそこで価格が安ければ、コピー商品でも売れてしまう。

食品分野では、製造方法と顧客リストがわかれば、経営ノウハウの大半がわかったも同然だ。だから、味噌、豆腐、漬け物などの加工食品は、製造ノウハウが盗まれやすい。このマーケットの違いが、日本企業にはなかなか理解されない。

しかも、こうした加工食品の場合、ノウハウが盗まれたとしても、ライバル会社の製品が自分の会社のノウハウで作られたかどうかを特定することすら難しい。

さらに、昔から日本国内で生産される味噌も大半は黒竜江省などで栽培された中国の大豆を使っている。黒竜江省は気候が日本と似ているためか、大豆のほか米もいいものができる。なお米は遼寧省で日本向けの栽培を行なう大産地が存在しており、そのためコシヒカリなどの良い品質の日本米が入手可能だ。

使用する原料の大豆が同じで、なおかつ製法までコピーされてしまったのでは、自社製品とコピー商品の中身を区別することは簡単ではない。そこで、コピー商品の氾濫に打ち勝つには、徹底した機密保持を進めるしかない。

❶企業家精神旺盛な中国人

一方で一般中国人の企業家精神が旺盛であることを理解する必要がある。技能を学ぶ力があるだけでなく商才もたくましい。しかも、資金調達力も急速についてきた。同じ土俵で戦う相手としてはかなり手ごわい。

例えば日本のパソコン教室は初心者にはワードやエクセルの使い方を教えるというのが定番だが、中国の場合のパソコン教室は、パソコンの組み立て方とソフトの導入の仕方(もちろん違法で)を教えているのだ。中国にはそうした素地があるのだ。

日本の場合、技術者あるいは工場長のような要職にある人間が独立するということに対しては、経営者であれば、それなりの対策を考えているだろう。しかし、中国ではごく普通のワーカーが会社を辞め、ライバル会社を立ち上げる。そういう事態は日本の常識では「想定外」のことであり、経営者としては手の打ちようがない。

また、資金の面でも中国では創業しやすい環境ができてきている。二〇年前であれば、簡単にお金を集めるわけにはいかなかった。しかし、社会主義資本経済が導入されて久しい中国では、事情が変わった。例えば、若者が創業したいと名乗りを上げた場合、親類・縁者に出資を募れば、小さな工場を一つ作るぐらいのお金がすぐに集まってしまう。

こうした点に気がついた日系企業は、機密保持にはきわめて神経を使っている。日本には「暖簾《のれん》分け」という経営者が長年勤めた雇用者の独立を支援するという麗しい制度があったが、今の中国では通用しそうにない。ライバル会社のトップは元従業員、という現実と向き合わねばならないからだ。日本でも、ＩＴやハイテク分野では、工場の区画ごとに入室者を厳重に管理するなどの対応がなされている。しかし、中小企業で食品分野となると、どうしても機密保持が徹底されない面がある。

❷中国調査の誘いに乗る

今から二〇年前の一九九一年、松井味噌（本社・兵庫県明石市）の松井健一社長にユーザーのある外食メーカーから、「今度中国市場の調査に行くのだが、一緒にいかないか」と誘いがあった。

今の中国ならわかるが、二〇年前のことだ。海のものとも山のものともわからない。航空便も少ない。ホテルや店のサービスも心もとない。おそらく、一人だと不安が多いから、その外食メーカーの担当者は、まだ若い松井社長に中国行きを持ちかけたのだろう。

ここで何でも見てやろう精神が旺盛な松井社長はこの話をふたつ返事で引き受けた。もちろん、この調査がそれから二〇年におよぶ中国ビジネスの始まりになるとは、夢にも思わなかった。

当時は、まだ天安門事件の余韻の残る時期で、日本企業がとても新規に中国投資を検討する時期ではなかった。そのため、この調査はどこの地域でも大きな歓迎を受けた。中でも松井社長が注目したのは大連地区である。

当時から、味噌の原料である大豆は中国の東北部から輸入していた。中国の東北部の大豆が一番日本の味噌に合うということでこれは今でも続いている。その日本向けの輸出用サイロが大連にあった。

もし中国で味噌つくりをやるならここだなと考えていたが、何しろ中国投資が絶不調の時期だから相手側の動きがすこぶるいい。とんとん拍子で大連の郊外都市の瓦房店市に合作のかたちで進出が決まった。

なぜ、瓦房店市にしたのか。輸出用のサイロがある大連に車で二時間と近いということもあるが、最大の理由はこの地域は水が良いことだった。良質な地下水が確保できる。これだけの水質の水が確保できる地域は中国ではめったにない。同市にはほかにも日本企業は多いがやはり水を求めて食品系の企業が多い。

こうして松井味噌は中国進出を果たしたのだが、その後、日本では想像のつかなかった障害にぶつかることになる。

❸元社員が独立創業

松井社長は、次のように語る。

「中国で味噌をつくる難しさはほかの事業とはまったく異なります。味噌は誰でも作れます。せっかく中国で良い味噌を作っても、すぐに中国企業に同じ味噌を作られたら、価格競争に敗れてしまい、何にもなりません。きれいごとではうまくかないのです。中国での味噌づくりのノウハウは、過去も、現在も、未来も、製品製造の機密保持のひとことに尽きます。

日本であまり有名でもない松井味噌が年商一一〇億円まで行けたのは、曲がりなりにもこの機密保持が確保できたことです。逆に多くの食品企業がうまく行かなかったケースは、この機密保持がうまくいかなかったことが多いのです。日本人はよく言えば良心的、悪く言えば脇が甘いのです。これだけ注意していても、味噌のライバルメーカーのうち数社はうちにいた元社員の会社です。日系の食品メーカーを見るとこんなやり方では危ないぞという事例がいくつもあります」

❹注文はメールのみ

日本企業の方にも問題がある。ユーザーである商社やスーパーマーケットから同社への味噌の注文がFAXで入る。そこには味噌の製造方法、調合の仕方が書いてある。

「こんな大事なことをFAXで…」とすぐに松井社長は相手方に注意をする。

FAXは社長室の机の前にしかないが、FAXはいつ入るかわからないので、それでも危ない。同社ではプリントアウトによる出力は行なわず、受電するとPDF化(パスワード付き)して同社内のデータセンターに保存され、松井社長、同社役員で奥さんの張彦彦さん、日本本社のデータセンターの三ヵ所に転送される仕組みになっている。

同社への味噌の注文は、メールで受ける。しかも、パスワードは日々変更するが、これは奥さんの張さんしか知らず、私が訪れた時、松井社長自身も開けることができなかった。まるで金融機関やカード会社の情報管理システムのようだ。

「そこまでしないと、まずいですか」と私が聞いた。

この質問に松井社長から驚くような返事が返ってきた。

大連松井味噌有限公司

「これでも情報が漏れます」

社員との間で、たえず情報戦を行なっている感がある。

松井社長の知り合いのある食品会社では、日本的経営ということで、社員を信頼し、技術の伝承を行ない、社員研修をして、日本と同じ経営と品質を目指した。ところが、目標自体は達成できたが、ノウハウをしっかり取得した社員が独立し、その会社は価格競争に敗れて中国から撤退する破目になったという。

松井社長の言うように一定水準さえ達成すれば、味噌は誰でも作れる。ユーザー企業、製造方法、調合の仕方がわかると、もはやお手上げになる。中国企業のほうが日本企業より確実にコストが安く作れるからだ。

❺生産ラインを中国型に工夫

この徹底した性悪説による管理のほかに、もう一つ取り入れているのは「生産ラインの工夫」である。日本の生産現場ではいわゆる味噌職人と言われるベテランの社員がリードするが、中国の工場はこれを排した。生産ラインの仕事を単純化させ、多少人数は増えるものの、職人芸をなくさせた。どの社員が辞めても代替がすぐに可能にしたのだ。

日本と異なり、職人芸を発生させると技術が漏れ出す。職人芸の社員が、それをたてに待遇改善を要求する。辞めてはいけない社員を作り出すことは、リスクが多い。そのため松井社長は日本の生産ラインをもとに、作業手順を大きく見直した。この二つの試みにより、中国の子会社を成長型企業に育てた。

普通の日本企業は、中国の工場をすべての分野で日本化しようとする。実はこれが落とし穴である。このことを松井社長が身をもって示した感じだ。

ところで、この実績が評判になり、松井社長は他の日本企業の経営指導を行なっている。もちろん商売ではないが、少しでも日系の食品系企業の経営に役立てればということでやっている。時間と体力を消耗させるので、これに伴う会食、宴会は断っている。もちろん指導のポイントは機密保持と生産ラインの仕事の単純化である。せっかく進出した中国で、なるべく長く経営できるように指導する。

❻新工場は相場の三分の二で建設

松井社長は、こう指摘する。

「中国人はとても優秀です。ハングリー精神もすごい。多くの日本人はかつてアメリカでの商談で相手が席を外したすきに、ゴミ箱をあさったハングリー精神を忘れているのではないか。彼らのハングリー精神を甘く考えているのではないか。そういう点では、私は中国人の能力を正確に理解しているつもりです」

そのことを身をもって体現したのが、奥さんの張彦彦さんである。若くして中国に出向いた松井社長は、やがて中国人である張さんと結婚するが、当時、張さんは世間から羨望と嫉妬から「彼女は日本人と金目当てで結婚した」と言われていた。

悔しかった張さんは、松井社長から結婚指輪すら受け取らなかった。そして、松井味噌で身を粉にして働いた。

「この会社は私が大きくする。そして、金目当ての結婚でなかったことを証明する」

この一心で働いた。普通であれば、少し金回りが良くなれば、きれいな着物を着たり、おいしい食事をしたりもするが、彼女はそんなそぶりは一度も見せたことがないという。松井社長も彼女の働きがなければ松井味噌はこんなに大きくはなっていないと語る。

この夫婦春秋を物語る一つのエピソードがある。事業が拡大し、新しい工場を建設することになった。まず、中国特有の手抜き工事を避けねばならない。もう一つはコストを安く仕上げなければならない。このために夫婦の共同作戦が開始される。

まず、松井社長は工場建屋の設計を研究し、設計会社に依頼して地震などが起きてもびくともしない設計図と基本作業手順ができあがった。同地区では、建築基準法に合致した初めての工場である。

次に、資材調達と建設工事を分けた。日本のように建設会社に一括発注すると、まず資材調達で余分に抜かれる。これを避けた。次は、奥さんの張さんが資材会社と建設会社を選定し、価格の交渉を行なった。これで、きわめて強固で安全な工場が、日本企業が一般的にかける建設コストの三分の一程度で出来あがった。

❼松井農場で大豆などを生産

同社が製造する味噌は、中国企業にも販売しているが、まだ最終的な商品としては九九％日本に輸出している。そうすると、残留農薬問題が出てくる。松井味噌は、世界的な規格（ＩＳＯ１７０２５・ＧＬＰ）に基づく農薬などの検査・認証機関であるヒル・ラボラトリーズの中国地区代理店として活動している。

同社の味噌の原材料となる大豆は、松井農場（同社の管理方式で管理された農場）と呼ばれる委託した農業公司五社が生産したものを使用している。なにしろ、日本の食品会社の中国進出を指導している企業の直営農場であるから残留農薬のない自然で豊かな大豆を供給できる。

このほかに、同社は味噌だけでなく豆板醤、壷漬、高菜漬、焼肉のたれ、ラーメンのスープなども生産しているが、これらも松井農場のしょうが、にんにく、米、野菜なども生産しているからできる。

依頼さえあれば、そば、うどん、ラーメンスープなど、どんな食品調味料でも作れるようになった。

この松井味噌の試みは、今後、富裕層が急激に増え、食の安全に関心が向いてきた中国市場にも対応できそうだ。事実、そんな話もちらほらあり、中国市場向けの製品供給も年々増えている。松井味噌使用製品は、中国市場にも広く浸透する気配である。

松井味噌株式会社

本社住所　〒六七三‐〇〇四四　兵庫県明石市藤江二〇二八‐五四
電話　〇七八‐九二六‐二六二六　ＦＡＸ　〇七八‐九二一‐三三三七
主な業務内容　味噌、ドレッシング、ソース、西京漬味噌など各種調味料醸造製造
直近年間売上高　一一〇億円

＊なお中国事業は、株式会社ミネラルソフト六七％、松井健一個人三三％で行なっている。株式会社ミネラルソフトは、実弟の松井孝彦氏が社長で、松井健一氏は専務を務める。

コラム

中国語を話す日本人が増えている

中国経済が成長し、また身近な存在になるにつれて、ビジネスでも観光でも、中国語がますます必要になっている。

実際、羽田、ソウル、上海などの国際空港に行くと、中国語がかなり飛び交っていて、顔を見ただけでは日本人か韓国人か中国人かわからない。日本、韓国、中国が同じ経済圏の中に入りつつあることを示しているのだろう。

中国ビジネスでは最近、次のようなケースが増えている。中国の日系企業に電話をかけたとしよう。かつては、「ニーハオ」と言ってから、「○○さん、お願いします」と日本語で言っても通じた時代があった。しかし、今は中国語で言わないと、話が通じない。そこを日本語で押し通そうとすると、相手に怪訝な感じを持たれてしまう。あるいは電話を切られてしまう。

カタコトでもいいから、中国語が話せることはきわめて重要になっている。実際、中国語を話す日本人が増えている。いま中国では中国語を話せる日本人が増え、また日本語を話せる中国人も増えている。そして、その給与水準はほぼ一五万円である。

ただし、広い中国なので、日本語でOKという地域もある。その一つが大連だ。大連は日本人が年間三〇万人もやってくるので、空港では日本語のアナウンスが流されるほか、ホテルやレストランでも日本語が通じるところが多い。中でも大連駅そばのラマダホテルなどは、お客全体の八割は日本人だ。ここはほとんどの社員が日本語を話せる。日本企業が多い地域であると同時に、日本になじみの深い観光地などがあるためだ。

また、北京や上海、広州ほどの大都市であれば日本語が通じるホテルやレストランもある。しかし、その他の地域ではホテルやレストランのほか、ものを尋ねる時も、やはり中国語で話すほうが無難だ。少なくともビジネスには中国語（北京語）の習得が欠かせなくなっている。

7 21世紀型のアジア企業を追求

若き日本人起業家の意地を見せた　アジアパートナーシップファンド（APF）（タイ）

★常識破りの発想で現地証券会社を運営――アジアで通用する金融業の未来を切り拓く

❶うまく回らない日本のお金

アジアに出かけると、よく聞かれることがある。

「日本はお金持ちの国なのだから、なぜもっと国内のベンチャー企業やアジアの有力企業に投資しないのですか。ビジネスチャンスは、作ろうと思えば、たくさんあるのに…」

確かにそうだ。この質問は正鵠を射ている。それだけに日本の金融界の実情を説明するのに苦労させられるが、なかなか納得してもらえない。

日本の場合、まず企業分野では上場企業の三割、中小企業の七割が借金体質で「銀行依存」

である。この企業群は、高度成長時代の体質がいまだに抜けきれていない。日本の銀行は、個人分野では住宅ローンに重点的に融資をしているほか、企業分野では融資している借金体質の会社の株も保有している。この時限爆弾付きの融資は利息収入わずか二％弱である。一〇〇円のお金を貸しても二円弱しか稼げない。

一方で、上場企業の三割と中小企業の一割の優良企業は銀行からはとっくに卒業している。銀行から融資を受けなくとも、事業が回るようになっている。「実質無借金」と言われる企業だ。もう一つ、日本の銀行が大口で投資している対象が日本政府の発行する国債だ。これも残高一〇〇〇兆円が見えてきたほど膨大なものである。しかし利回りは一〇年国債で一％前後にすぎない。信じられない経営効率の悪さではないだろうか。つまり、銀行も高度成長時代の体質がいまだに抜けきれず、過去の貸し出し方式にこだわっている。残念ながら、ベンチャー企業やアジア企業向け融資は、太い流れにはなっていない。

個人はどうかと言えば、これも二極化に向かっている。

まず、先のリーマンショックでもほとんど影響を受けていない層がある。大企業や公益企業の社員、公務員などである。彼らの多くは貯金が趣味のような生活をしている。また、金を使う能力に乏しく、忙しくて使う時間もない。

一方、小泉改革以降、日本の中産階級が壊れ、新貧困層が誕生した。彼らは、年収三〇〇万円以下の層で、高度成長が続けば中産階級になれたが、グローバル化と日本の低成長時代でふるい落とされた層だ。彼らは収入の全額を使うというより、既に預貯金がなくなってしまっている。生活保護所帯が増えていくことになる。

つまり、現在の日本経済は堅実経営と赤字経営、膨大な貯金をする層と借金漬けの層、中産階級と新貧困層、安定した仕事と収入を持つ層とフリーター層、時代を逃げ切った中高年と向かい風にさらされる若者が同居した複雑な社会を作った。片方から見ると豊かな日本の社会であり、もう片方からは夢も希望も持てない日本の社会が見えてくる。

❷お金を回転させる五つの提案

今日の日本経済は、お金がうまく流れないこと、つまり金融市場が固定的になっていることに根本的な問題がある。

どうすれば、日本経済にうまく金が流れるようになるのだろうか。

まず、第一は、「借金セクター」だが、これは段階的に資金を止めることが必要だろう。少なくとも銀行から回ったこれらの資金は、もっと効果的で本来回るべき投資に回せるという視点を持つべきだろう。

第二は、「剰余金たっぷりの企業」である。お金はあるが、新規社員は雇わない。新規事業はしない。新規投資もしない。これでは、お金が回らない。「人の会社の金をどうしようと勝手だろう」と言われるかもしれないが、石橋を叩いて渡るぐらいの工夫はほしい。

第三は、過剰貯蓄の「働き蜂サラリーマンと連合(組合)」だ。このセクターには、仕事と所得の分配を提案したい。仕事と給料を八掛けぐらいにして、雇用を増やし、少しは格差社会の是正に貢献してほしい。そうでなければ年金も医療も成り立たなくなる。

第四は、銀行だ。国債購入と慢性業績悪化企業を支援するという内向きな行動パターンをそろそろ卒業してほしい。ビジネスの腕を磨いてアジアなどの新興国や欧米の優良投資案件や国内の新規事業に資金を向かわせ、せめて預金者への利息を二％は付ける努力をしてはどうだろうか。

第五は、政府だが、国の借金は多くともＧＤＰの六掛け三〇〇兆円が上限だろう。少なくとも、「倒産状況」という自覚を持ち、ばら撒き政策をやめることである。

❸AU（アジア大都市圏）経済が誕生

アジアに目を転じると、まったく別なお金の回り方が見えてくる。

二〇一〇年一〇月の羽田の再国際空港化で、アジア便が急増した。ますます日本とアジアの経済が急速に一体化していくことになる。特に、日本とアジアの大都市間をEUならぬAU（アジア大都市圏）経済のような状況ができつつある。

このAUの中心都市は、東京、名古屋、大阪、福岡、ソウル、台北、香港、シンガポール、バンコク、クアラルンプール、上海、北京、広州、大連、マニラ、ジャカルタ、ニューデリー、ホーチミンの一八都市である。

EUは、各国の政府が協力して通貨を統一し、貿易や人の移動を自由にしたが、AUは企業や個人が自主的に結んだ経済圏だ。この国境の壁を越え日常ビジネス圏化したAUは、釜山、高雄などこれに連なる都市を入れると一〇〇都市、五億人が一つの都市圏、経済圏となり、互いに重なり合い、人材も、生産も、消費も、株も、不動産も一元化され、最適なものが選択されるようになってきている。驚いたことに、この大きさはほぼEUと同規模である。

そして、このAU時代に対応して気軽に国境をまたぐ企業やビジネスが急増している。まさに新感覚ビジネスである。先日、バンコクでタイの地場証券会社を買収した日本企業があるというので、さっそく出かけてみた。これが驚きの連続だった。良い意味でにわかに日本企業とは思えない動きに秘かに感動すら覚えた。

その日本の会社はアジアパートナーシップファンド（此下益司会長）である。買収した証券会社はユナイテッド証券と言って、タイの一部上場会社で、中堅規模の証券会社だ。私は、まず買収するにあたり日本人で証券実務の経験のある人は何人いたかと聞くと、ゼロだという。

❹タイの証券会社を買収し三ヵ月で証券業務開始

タイでの証券外務員の資格は、ベテランの通訳を付け、三ヵ月間タイ語と証券実務の勉強をさせて合格させた。したがって、タイでの日本人第一号の証券外務員は、前ユナイテッド証券の日本部長、現在、新東京シティ証券社長を勤める小竹康博氏ということになる。

バンコクには日本企業、日本人向けの人材派遣会社が三〇社ある。募集をかければ日本人でタイや日本での証券業務の経験者を集められないわけではなかったが、同社はあえてそれをしなかった。

知識があるということは、その業界の常識があるということである。常識は大いに役立つが、この常識に縛られて、時には自由な発想を妨げ、活動の阻害要因となりかねない。事実、今まで日本のメガバンクや大手証券会社はアジアの地場証券会社をほとんど買収できていない。ということはこの「常識」が壁になっていた可能性がある。

タイのユナイテッド証券を買収し営業を開始したとたんに、日本から口座の開設だけでかなりの人数がタイにやってきた。現在では二〇〇〇人の日本人が同社に口座を持っている。日本の証券会社でアジアの株が買えるのではないかと言われるが、為替のリスクと手数料で旨みの多くは証券会社に持っていかれる。

確かに、日本でアジアの株を買ってもその証券会社はまたアジアの証券会社に買い注文を出しているわけだから効率が悪い。この日本人相手の仕事は小竹さんたちのいわば素人集団が猛特訓の末に行なったものだ。

❺大口の投資家にＶＩＰ専用個室

「そうは言っても地場の証券業務があるでしょう」と同社の高辻力也日本部長に聞くと、これにはシンガポール人の証券マンをスカウトして当てたという。

次に、「難題と言われるタイのＳＥＣ（日本で言う金融庁）との交渉があるでしょう」と聞くと、これもタイのそんなセクションの人材をスカウトして当てたと言う。まことにそつのない動きである。

同社には、上場企業の株価が表示してある一般の店内のほかにＶＩＰ専用の個室が二〇室ある。大口投資家用の部屋である。中にはこの個室に毎日出勤する投資家もいるという。日本人の投資額とはケタがひとケタ違うそうである。

このＶＩＰ専用の個室の写真を撮らしてくださいと頼んだら断られてしまった。それは、どうやら大口の個人投資家が自由に使い合う部屋というよりは、投資家ごとに個室的に部屋を使用しているようなのだ。そう言えば、コーヒーセットなどを持ち込んでいる投資家もいる。使い方も本格的だ。

前出の高辻日本部長に聞いた。

「日本人とタイ人の株式投資の差はありますか」

「あまりこういう表現をすると適切ではないのですが、一般的に日本人の投資家は高い時、株が上がっている時に買って、安い時、株が下がりだした時に売りがちです。もう一つ、タイ航空、サイアム・セメントなど有名な大手企業を買いたがります。

タイ人の投資家は、この逆です。株が下がっている時に買って、高い時、株が上がりだした時に売りがちです。だから、二〇〇八年の金融危機が起こると、大量の買いに入りました。日本人はどこまで下がるかと臆病になり、持ちきれず売ってしまう投資家が多いですね。

もう一つは、タイ人は株を頻繁に売ったり買ったりしますが、日本人は長く持っていて、その間の値上がり益や配当で稼ごうとします。タイで株式投資をしている日本人固有の事情かもしれませんが、驚くほど投資行動が異なるのです」

と大変興味深い説明をしてくれた。この高辻副社長も背広、ネクタイという日本の証券マンスタイルではない。スニーカーにTシャツである。

❻日本とタイの企業を買収

私は、この取材であまりにびっくりしたので帰国してからこういう会社の経営者はどんな方なのかと、同社の此下竜矢社長に取材を申し込んだ。そうしたら、事前に読んでおいてくださいと宅急便で一抱えの資料が送られてきた。これにまたびっくりした。

それはユナイテット証券のほかにアジアパートナーシップファンドが買収した会社の資料だった。日本では、東証二部上場企業のゴム製品の製造・販売を行なう昭和ホールディングス、大阪証券取引所ヘラクレスに上場した持ち株会社ウェッジホールディングス、和菓子の明日香食品、そしてさきほどの新東京シティ証券である。

タイに目を移すとユナイテット証券のほかにリース会社、損保会社、ゼボラという五つ星のリゾートホテルを経営している。アジアパートナーシップファンドは、香港や台湾にも事務所を持つ、運用資産一二〇〇億円のファンドなのである。

❼M&Aとは投資を断ること

こう聞くと、いかにも肉食系の投資家をイメージするが、此下社長は草食系の人で、お会いするレストランにジャンパー姿で現れた。一見どこにでもいるやさしげな三八歳の若者である。

しかし、この此下社長からまた次々と驚くべき話を聞くことになる。

「M&A事業は、会社を買うことでなく、買うのを断ることなのです。うちは、年間六〇〇件もの購入依頼の話がありますが、実際に購入するのは一、二件です」

「購入価格は適正価格の半値以下です」

「購入した企業は、五〇年、一〇〇年売りません。新しい経営資源を加えて育てていくのです」

「ファンドへの投資には、短期の利益目的の方はお断りしています」

此下社長は自分に語りかけるように話し続けた。

「うちは、液晶や半導体なども先端分野の企業のM＆Aは行ないません。また、太陽光発電などの未来価値を予測したものも買いません。これらの分野は怖い面があります。ハイテク技術は変化が激しいし、未来価値は失われる可能性があります。リスクが多いのです。その点、どんなに社会が変化しようがゴムやお菓子、リースや損保はなくなりません。どんなに時代が変わろうと、何十年、何百年続けていける企業、ビジネスにM＆Aを行なっています」

M＆A事業の経営者というと、どうしても、かつての村上ファンドを思い出す。買っては売り、売っては買う。投資家への配当に追われ、金だけを求める強欲経営者のイメージを持つが、応えてくる返事がまったく異なっていた。

❽素人感覚を持たない企業のリスク

これは、買収された企業の側にもメリットが多い。現在の多くの日本企業は、得意とし長年慣れ親しんだ専業分野にこだわりすぎるきらいがある。家電や工作機械関連の専業メーカーであれば、高度成長期は確かに需要がどんどん伸びて効率がいいが、市場が成熟化してくるとあまりうまく回らない。

日本企業がいつのまにか、この専業の罠に落ちた感があるのに対し、同社の買収はきわめて効果的だ。なにしろ、此下社長は、今日はゴムの会社、明日はお菓子の会社、明後日はホテルの会社とまったく業種の異なる会社の役員会に出席している。

新しい分野へ進出する、新たな販路を拡大する——アジア市場に目を向けるには、この良い意味での素人感覚が必要だ。どの企業でも時代を捉える確かな目さえ持っていれば、可能性は無限大にある。

一方では、日本の業界事情の側からしかものが見られない経営は、リスクが多すぎる。このことをつくづく感じさせられた取材だった。

さらに此下社長は、次のようにコメントしてくれた。

「地場の証券会社はもともとのプロパー経営者が、社全体の経営はシンガポール人の経営者が、そして日本向けをはじめとする新規事業開発は日本人経営者が担っています。同時に、この多国籍でかつプロパーとの新規連合による経営が大切だと考えています。まさにAU時代の経営には、このような柔軟な経営陣が必要なのではないでしょうか」

AU経済圏の流れを、従来のビジネス手法から見ると、怖くて油断のならない社会ということになるが、逆から見るとチャンスが大きく拡がったと言える。アジアではビジネスインフラが大きく拡がっていて、このインフラを活用するならば、業種を超えて新しい事業ができるということでもある。

アジアパートナーシップファンドの展開は、日本発の新しいお金の回り方を指し示している。

アジアパートナーシップファンド
本社住所　33/125 Wall Street Tower 25th Fl, Surawong Rd, Suriyawong, Bangrak, Bangkok 10500, Thailand
海外オフィス　香港、台湾、シンガポール、バングラデシュ、日本

電話　六六‐（〇）二‐六三二‐八六八六（英語&タイ語のみ）
http://www.apfgroup.net/（日本語）
主な業務内容　アジア各国の優良資産・企業および有価証券等への投資および事業統括（主なグループ会社＝ユナイテッド・セキュリティーズ、グループリース、APFインターナショナル・インシュアランス、明日香食品、ウェッジホールディングス、昭和ホールディングス、新東京シティ証券）
運用資産　約一二〇〇億円（二〇〇九年一二月現在）

コラム

上昇するアジアの賃金と生活費

アジアで一ヵ月生活するには、いくらかかるのだろうか。その前提として、一ヵ月の工場労働者の月平均給与をアジア主要国で比較してみよう。データはＪＥＴＲＯの二〇一〇年四月公表資料による（単位は米ドル）。なおこの横浜は、市役所の技術系職員の給与をベースにしているので、相場より少し高いものとなっている。

・横浜	三〇九八・九ドル
・ソウル	一二一九・五ドル
・シンガポール	九六六・九ドル
・北京	三七九・一ドル
・クアラルンプール	二五六・六ドル
・バンコク	二三〇・六ドル

・ジャカルタ　　　　一四七・七ドル

一ドルを八五円換算して比較すると、ソウルは一〇万円前後、シンガポールは八万円前後になってきた。日本は、二〇万円台を維持しているが、二〇〇六、二〇〇七年とデフレの影響でマイナスとなっている。アジアが均一のマーケットになっていくとすると、日本の実質賃金はさらに下がる一方で、経済成長の続くアジア諸国の賃金は上昇するから、どこかで均衡点に達することになるだろう。ソウルで一〇万円台になっていることを考えると、将来的なアジアの均一賃金は、日本を含めて一五万円あたりに限りなく近づくのではないだろうか。なお、平均所得では、シンガポールが日本をとっくに抜いている。

一方、一ヵ月の生活費だが、シンガポールあたりでは七万五〇〇〇円あれば当面は普通の暮らしは可能である。中国の場合は場所によるが、上海のような都市部でそれなりの生活水準を保とうとすると月七万～八万円ぐらいはかかる。

また、バンコクも実態として生活費は同様に月五万円ぐらいかかる。二万円で生活するのは、会社の寮にでも入居できれば可能だが、個人としてアパートを借りて生活するとなると苦しい。このようにアジアの生活水準は相対的に上昇している。

8 リスク情報を顧客に定期便で届けて共存共栄

時代の先端を行く情報商社　三京物産

★強烈な危機意識が次の一手を生む――いかにリスクと付き合うか

アジアに進出するなど、海外に出る場合にはリスク管理が欠かせない。

「リスク管理」とは、明日どうなるかではなく、一年後、あるいは数年後に世界情勢、地域情勢、特定国の情勢がどう変化し、そして自分の会社がどうなるかを考えながら、事前の準備をしていくことだ。

リスク管理の基本は、最悪のシナリオを考えておき、予測される被害を回避する、あるいは被害を最小限にとどめるにはどうしたらいいかを検討しておくことだ。

❶商社の最大の商品は情報

単に自社の中でリスク管理を進めている会社はある。しかし、リスク管理情報を定期便で顧客に提供し、共存共栄を図っている点で、三京物産（本社・東京都杉並区）はきわめてユニークな存在だ。

「商社の最大の商品は情報です」。三京物産の森川純一社長が常々強調する言葉である。

具体的には、こんなことがあった。二〇〇七年のころ、三京物産は取引先の各社に「アメリカ経済が、サブプライム・ローン問題をきっかけに厳しい局面に直面する可能性が高い」という情報を伝えていた。シンクタンク顔負けの分析力である。

三京物産はシームレスステンレスチューブ・パイプを海外販売する会社だが、同社と取引するメリットはこの情報という付加価値にある。

世界の動きを、マスコミが伝える前にいち早く知るにはどうしたらいいか。日本の大手企業が行なっているのは、シンクタンクや銀行の調査部、商社などから情報をもらう。あるいは、独自に調べるという方法だ。しかし、それだけでは、金融危機が起こることを一年も前から予測することはできない。

こういう情報力を持ってくる会社は強い。営業担当者が訪ねてくれれば、「とりあえず会っておこう」という意識が働く。世界にちらばるクライアントにとって、ステンレスパイプを供給するのは、三京物産だけではない。しかし、価値ある情報を提供してくれる会社として、きわめて貴重な存在になる。

ただし、他にない貴重な情報となると、独自の情報ネットワークが必要になる。三京物産の場合は、世界にまたがって営業活動を続けてきた強みがある。その中で、独自の情報網を立ち上げてきたと考えられる。

同社は、社員三〇人前後で売上高一〇八億円（二〇〇八年一二月期）という驚くべき高業績の会社だが、情報分析専門の社員を多数抱えているわけではない。

強い危機意識をバネに、アジアだけでなく世界に得意先を広げる危機管理手法にはすごみがある。

❷たくみなビジネスモデル

「なにしろシームレスステンレスチューブ・パイプというのは、壊れない、腐らない、どこに売れるかわからない、不思議な商品なのです。この人泣かせのところが、弱小商社の当社が生き伸びてきた最大の理由です。さんざん泣かされましたが、助けられもしました」と同社の森川社長は語る。

この森川社長は、父親が外交官だった関係で中国に生まれ、一三歳から中国語を学んで、今では日本語以外に中国語、英語、ロシア語と三ヵ国語を自在に操るスーパービジネスマンだ。外国生まれ・外国育ち、国際化の波に洗われて育った独特の雰囲気を持つ経営者である。

私もアジアで多くの経営者に会ったが、これだけの洗練された巧みなバイヤーは見たことがない。正直、日本にもこんな経営者がいたのかと思うほど、ある意味ですごみがある。

それは、同社の主力製品であるシームレスステンレスチューブ・パイプの販売先が、アジアが四〇％、欧州が三五％、北米が一〇％、大洋州五％、中近東が五％という構成からも十分に読み取れる。華僑、ユダヤ、アングロサクソン、ゲルマン、アラブとさまざまな人種と渡り合ってきた。同社は、一〇八億円の売り上げのうち九五％が輸出なのである。

「どうして国内では売らないのですか」

「どうして日本のほかの会社は外国に売らないのですか」

私が、同社を取材中、何度も聞いたことである。この謎解きをすると、この業界の事情と三京物産の「イチロー」のような巧みなビジネスモデルが浮き上がってくる。

まず、シームレスステンレスチューブ・パイプの需要分野だが、石油掘削、石油化学、造船、発電所、航空機、鉄鋼、半導体、繊維、薬品、食品など多岐に及ぶ。壊れず腐らないこの特殊なパイプは、クリーンルームや石油掘削などの過酷な環境下での配管に重宝され、どの産業分野にも幅広く活用されている。

森川社長が三京物産を創業し、このシームレスステンレスチューブ・パイプを最初に売ったのが前述した台湾プラスチック・グループである。森川氏がまだサラリーマンをしていた前の会社の仕事関係で知遇を得ていた同社の王永慶会長に売り込みを図った。

この時、森川社長はまだ若く、創業したばかりで、三京物産が海のものとも山のものともわからない状況だった。王会長はそれにもかかわらず、シームレスステンレスチューブ・パイプの採用について、その場で担当部長を呼び、ビジネスの相談を始めるよう指示してくれた。

以後、森川社長は困難な状況にある人間の話をよく聞くように努めている。それは会社を創業し、新規市場に参入して不安がいっぱいの時期に王会長が話を聞き、支えてくれたからである。

運も実力のうち、実はこれは台湾プラスチック・グループがそれまでの台湾・高雄から仁武（高雄と台南の中間の地域）に工場を移設していた時で、石油化学工業向け配管材を大量に必要としていた。

❸守ってもらえる立場に変わる

当時、同社はシームレスステンレスチューブ・パイプについて日本でのルートを一社しか持っておらず、ほかの供給先を探していた。この願ってもない状況の渦中に森川社長が訪問したのだ。

この台湾プラスチックとの緊密な関係の構築で、三京物産はまたたくまに隆盛を極める。同社を「どこの馬の骨」かわからないと眺めていた日本の鉄鋼メーカーも、三京物産が巨大な顧客をバックに持つと、対応が真剣になり、どのメーカーとも良好な関係が持てるようになった。

しかも彼らの業界の体質、営業姿勢はきわめて保守的だ。一度入り込むと容易にほかの競合会社を入れない。ほかの会社が引き合いを出しても、いったん三京物産と取引が始まると、その後は優先してもらえる。この「入れてさえもらえない立場」から、「守ってもらえる立場」に変わったのが大きかった。

次に、森川社長が考えたことは同社の台湾プラスチック・グループほか台湾市場に過度に依存する恐さだ。ほかの国にも売ろうと、まずシンガポール、マレーシア、インドネシア、タイなどの東南アジアに出た。ここでは華僑人脈を押さえた。

アジアで実績を出すと、次はドイツ、オランダ、イギリス、スペイン、ノルウェーなどの欧州である。なにしろ、壊れないし腐らない、どこに売れるかわからないニッチ分野の商品である。欧州は華僑が押さえる東南アジア経済圏の人脈と市場の事情も商慣習もまったく異なるため、人脈構築の目的で欧州に毎月のように出かけ、問屋、エンジニアリング会社、ユーザーをくまなく回った。特に、エクソン、モービルなどのメジャーを中心に展開した。

❹リーマンショックを予測

なぜ、アジアの次が巨大市場のアメリカでなく欧州なのかといえば、アメリカは既に日本の大手商社が商権を押さえていたことと、商権を押さえるユダヤ人対策に、中近東市場の開拓を含めて、とても躊躇していたからだ。それにしても小さな商社がどうして簡単にアジア、欧州に入り込めたのか。ここで、森川社長は重要な発言をする。

「商社は何を売るのか。それはもちろん当社だとシームレスステンレスチューブ・パイプも売りますが、もっと大事な商品は情報なのです。次のビジネスはどう動くのか、動いているのか。私は、語学好きで三ヵ国語を話せます。言葉は話せないより話せたほうがいいのですが、たいしたことではありません。

話せなくても成功している方はたくさんいます。それよりも、一番大事なのは情報です。『彼の話は聞いていたほうが良い』と思わせる情報という商品を持つことです」と語る。

ここ数年の森川社長の情報はサブプライム・ローン関連だ。実は、二〇〇七年八月にドイツのある大手の不動産会社が倒産している。この倒産情報を通じて欧州経済のバブル崩壊を予見する。財政、貿易ともに堅調に見えた欧州経済のコインの裏側の事情を詳細にユーザーに伝えた。

歴史とは、不思議なものである。今から振り返ると「なんだ、そんなことか」と思われるかもしれない。しかし、〇八年のリーマンショックからサブプライム・ローン問題が本格的に顕在化し、金融危機から世界同時不況へとシナリオが進む一年前にこの情報が入手できたのは大きい。もちろん、同社と多くのユーザーが今回の世界同時不況への対策を事前に進められたことは言うまでもない。

❺リスク管理を考え中国に進出

三京物産は、中国では瀋陽に進出したが、この進出にもドラマが多い。瀋陽に出た最大の要因は、九〇年代の日本の鉄鋼業界を襲った長期にわたる厳しい不況である。大手鉄鋼企業の高炉の閉鎖やリストラ、合理化が進む。三京物産は、多くのユーザーにシームレスステンレスチューブ・パイプを供給しなければならない。当時の鉄鋼会社の経営状況からでは、この自信が今ひとつ持てなかった。

そこで、中国で神鋼特殊鋼管からマザーパイプの供給を受け、引抜管の製造を行なう自社工場の建設を考えた。これも日本の鉄鋼会社が、業績がさらに悪化し、シームレスステンレスチューブ・パイプを供給してもらえなくなるのではないかと考えた上でのリスク管理が、底辺にある。

しかし、それが中国の東北部瀋陽というのがわからない。中国政府の東北部はその後、開発ブームとなったので、今、瀋陽に工場を建てるというならわかる。しかし、今から一五年前である。普通の企業であればどう考えても上海だろう。東北部にこだわるなら大連だ。なぜ、当時は片田舎で見る影もない瀋陽なのだろうか。

そこには森川社長の経営哲学の柱となる、巧みなリスク管理が生かされていた。常に大きなリスクを事前に予測し避けるやり方だ。

「のど元過ぎれば熱さ忘れる」

という忘れやすい日本民族にあって、これだけのリスク管理をしたら、人生は楽しくないのではないかと思えるほどの徹底したリスク管理術だ。

将来おそらく中国経済は大きく成長する。そうすると上海、大連は日本企業が増え、経営環境が悪くなる。それを見越して、少し田舎の瀋陽に出る。普通の日本企業から見ると気の遠くなるようなリスク管理である。

三京物産は、販売先が台湾だけでは不安ということで、アジアに進出し、欧州に進出した。今度は日本の鉄鋼会社から供給が不安ということで工場を作る。それも瀋陽につくる。そして、もっとすごいのはこのリスク管理のたびに経営資源を増やしていることである。

しかし、まだこれだけではない。その瀋陽でも蘇家屯区という片田舎だ。これもまた大きなドラマがある。瀋陽は、冶金産業の集積地で、蘇家屯区はその中心地であり、腕に覚えのある技術者、技能者のいるところだ（近くに露天掘りの撫順炭鉱があり、また旧満鉄の最重要拠点であった）。

❻総経理は当時二六歳の中国人女性

合弁会社のパートナーは地元の工業局の局長で、役所を辞めて三京物産の経営に参画してくれた。その後、一〇年前に独資となるが、この時に総経理となったのが社員から抜擢した、当時二六歳の中国人女性、張信毅さんである。男性のような名前だが、両親がこの名前しか用意してなくてつけたようだ。その期待にたがわず、はつらつとした女性経営者である。

この中国の会社は、開設以来ずっと出張ベースで日本人技術者を派遣していたが、〇八年からそれもなくなった。日本人社員のまったくいない中国の工場となっている。

張総経理は、こう語る。

「技術もわからない、しかも自分より年下の若い女性が総経理になるのですから、社員の抵抗は大変なものでした。その気持ちは私もよくわかります。いつもトイレで泣いていました。しかし、今では新しい工場長を中心にすばらしいチームができています」

森川社長の国際的なリスク管理の進め方は、日本の中小企業にも大いに参考になる。

三京物産株式会社

本社住所　〒一六六‐〇〇一一　東京都杉並区梅里一‐一三‐一二　新高円寺第一生命ビル三F

電話　〇三‐五九二九‐一九八一　ＦＡＸ　〇三‐五九二九‐一九四四

主な業務内容　ステンレス製パイプ・チューブの輸出

年間売上高　五七億四〇〇〇万円（二〇〇九年一二月期）

―コラム―

中国で生きがいを見つけた女性たち

❶今渕悦子さん［デザイナー］

★自分がいる「田子坊」という場所がもっといい街になればいい

上海・泰康路の田子坊で、レストラン・ディレクターとしても活躍していた彼女は、田子坊の顔である女性たちを集めた名刺集と地図のデザインディレクションをきっかけに、新たなるステージへと進むことになった。

イタリアでは着物づくり　日本語と中国語はもちろん、英語、イタリア語、フランス語を操る今渕さん。田子坊のレストラン「ラ・ブラッスリー・バイ・ヒロ」のディレクターとして働くかたわら、テキスタイルデザイナーの経験を生かして、布市場でのオーダーアドバイスも請け負っている。

東京でテキスタイルデザイナーとして活躍し、二七歳で独立。フリーとなってから訪れたイタリアでは着物の個展なども開いた。

「イタリアには三年。ヨーロッパの軽やかな生地で着物を作ってみたくなって、ナポリで個展を開いたり、ブティックで販売したりしていました」

東京で再びテキスタイルデザイナーとして働いていたころ、田子坊で「ジンジャーカフェ」を営む親友のベティから上海への誘いを受け上海にやってきた。

「当時クールビズのために私が専門としていたネクタイ業界は不況。着物を作っていたことを知っていたベティが、東京よりも上海のほうが動きがあると誘ってくれました」

田子坊のアットホームな雰囲気にすぐになじみ、たくさんの友人もできた。

田子坊の女性たちを徹底取材　二〇〇九年の五月、パーティで田子坊エリアの管理者と知り合ったのがきっかけで、同じ田子坊で働く女性たちとともにこのエリアの女性たちを集めたショップガイド兼名刺集を作る仕事を請け負うことになった。

「泰康路を代表する二六人の女性の名刺を蛇腹折りで一つにして、いちばん上は自分の名刺になっている。それをそれぞれのお店で活用してもらうんです」

二六人の女性たちは中国人もいれば欧米人も日本人もいる。国籍も年齢もお店の内容もバラバラだ。約二ヵ月かけてチームで取材や撮影を行ない、同年秋にようやくできあがった。これからは地図を同じチームで作っていくそうだ。

「泰康路エリアはお店の入れ替わりが激しく、歩いて調べているうちにお店がなくなったりすることも」

田子坊ＩＮＦＯというホームページと連動し、常に新しい情報をお客様に提供していければ、という。

「上海に来てから三年が過ぎました。飲食も楽しいけど、デザインの仕事も徐々に深めていければと思っています」と笑った。

新たなるステージへ　そんな「地図と名刺」がきっかけで、二〇一〇年、転機が訪れた。

「大型ショッピングセンターやオフィスビルが建ち並ぶ、中山公園近くにショールーム兼アトリエを開いたんです」

ここでは、アジアの素材、そして技術を使ったバッグなどの企画やデザインを請け負うほか、今渕さんオリジナルの作品も制作している。

「もともと、テキスタイルデザインが専門だったので、そのモノ作りの経験と感覚を直接活かせる仕事にたどり着きました」上海らしい、この街の変化の速さを、彼女はとても楽しんでいる。

❷酒井晶子さん［Deloitte Touche Tohmatsu CPA Ltd.　税務部シニアマネジャー］

★夫と自分のキャリアを尊重し単身赴任を決意

移転価格コンサルタントの酒井晶子さんは、明るい笑顔が印象的で、仕事や趣味に一生懸命だ。彼女は、結婚わずか一年で単身赴任し、現在は遠距離の結婚生活となっている。

シドニーからキャリアスタート　彼女が税務の専門家になることを決心したのは大学時代のことだ。在学中にデロイトシドニー事務所の研修生に応募し、卒業後すぐに渡濠。二年後東京に戻り、税理士法人トーマツに入社した。

「入社後半年で移転価格チームから声がかかりました。九〇年代後半はちょうど移転価格業務のニーズが高まってきた時期でした。おりしも私も、在学時から国際税務に興味を抱いていて、卒業論文のテーマも移転価格税制について。シドニーでも現地の日系企業をサポートしていたので、その需要を肌で感じていました。その興味ある分野に声をかけていただいたのはうれしかったですね。せっかくならとことんやろうと決めました」

それからは移転価格業務のスペシャリストとしてまい進してきた。

「さまざまな国の人とともにプロジェクトを進めていくことが楽しくて、二四時間公私の境なく働いていました。当時、インド人の上司と三日間連続徹夜で仕事をこなしたことも、今となってはいい想い出」と振り返る。それは彼女が成長していった時期でもあった。

「三年目の時は、仕事を任されても不安ばかりでしたが、五年目くらいにはアイデアを出していくのを楽しめるようになり、三〇歳になったころには、『移転価格が私の武器で、これがあれば戦える！』と思えるようになりましたね」

スランプを機に、新天地へ　三三歳の時に結婚し、公私ともに絶好調に思われた。ところが翌年、未曾有のスランプに陥った。「仕事や人間関係で悩み、ストレスで一時は入院するほどに」。

そんな時、シドニー時代の上司や尊敬する先輩から上海行きの話があがった。

「結婚してまだ一年足らず。それでも、お互いがキャリア上よいと思うなら相手を制約しないようにしようと決め、単身赴任を決意しました」

酒井さんは「打ち込むものがないとダメな性格」と自己分析する。

「移転価格は世界中で使える専門分野なので、ニーズがある国ならどこでも活躍できます。将来は国際税務・税制制度関連で社会貢献ができるように知力と体力を備えていきたいですね」

❸中村比早子さん［金鑰匙（北京）広告有限公司　編集］

★暮らしと仕事を通じて中国と私の〝距離〟をもっと縮めたい

中村比早子さんは、北京在住の日本人をターゲットとしたフリー・マガジン『コンシェルジュ北京』を発行する〝金鑰匙（北京）広告有限公司〟に勤めている。「想定外」の営業職を経て、いまや彼女は中国での仕事にハマりつつある。

三年八ヵ月の「修行」を経て中国へ　雑誌を含め、本が大好きだという中村さん。大学卒業後は、編集・ライターとしてバリバリ働く将来像を思い描きつつも、まずは社会勉強のつもりでリクルートＨＲＭへ飛び込んだ。

「リクルートは、半年間限定の修行みたいなものとして考えていたんです。アルバイト採用でしたし。まずは社会人としての土台を作れればいいかなと」

いわばクリエイターを目指す者としての、初めの一歩として珍しい選択ではあるが、社会人として働くことの厳しさを徹底的に叩き込まれたようだ。

「正直、ちょっとお試しで……くらいの軽い気持ちだったんです。でも、一瞬でその甘さに気づかされました。よく泣いてましたし、数ヵ月は本当につらかったですね。それでも、半年が過ぎた頃から、目に見えて結果が出てきて。そうなると、面白くなるわけですよ。目指す目標はいったん置いておいて(笑)、もう少しやってみようと」

結局彼女は、その後すぐにアルバイト職から契約社員へ。気づけば三年が過ぎていた。

「なんだかんだ、充実していたように思います。得たものも大きいですし、今の私のベースになっているこことは間違いありません。それでも、このままじゃいけない…本当にやりたいことってなんだろう…と考え始めたんですね。そんなタイミングで同僚から中国旅行に誘われて、上海・広州に行ってきたんです。昔から気になっていた国ではありましたが、実際行ってみて中国のパワーあふれる雰囲気にすっかりハマッてしまって、いつか住んでみたいと思うようになりました」

中国と関わる将来を漠然と想像していた時、『コンシェルジュ*』という中国現地で配布している日本人向けフリー・マガジンの存在を知る。それからは、働きながら週二回中国語教室に通い始め、転職活動をし、きっかけとなった中国旅行から約二年後の二〇〇七年二月、入社した。

環境の変化を楽しむ

「就職が決まり、初めて北京のオフィスに出社したのは、北京に来て二日目。その日から仕事が始まりました。一つのフロアに営業・編集・制作が揃っていて、前の会社に比べたら小規模、仕事がしやすそうだなと思いました。また営業職ではありましたが、自分次第では企画を立てることもできる、という社長の言葉に魅力を感じました」

中国で暮らし、働き始めて驚いたのは、環境がめまぐるしく変わっていくことだという。離職率も高く、ジョブ・ホッピングが当たり前の中国。また、著しい経済成長の最中にある中国だけに、社会環境の変化は確かにすさまじいものがある。

「はじめはなかなかそのスピード感に馴染めなかったけど、今はもう大丈夫。逆に、常に新しい課題に対して、新しい環境でチャレンジできることを楽しめています。つらいことも多いけど、目標が達成できた時はやっぱりうれしい。その繰り返しですね」

二〇一〇年九月には、入社当初に希望を出していた編集部へ異動。現在は、『コンシェルジュ北京』の企画・制作はもちろん、編集長を目指し編集・制作部の管理業務までを行なっている。営業職を約七年経験してからの編集職と、遠回りのようにも思えるが、営業での経験があってこそ、今があるのだと感じるという。

初めはままならなかった中国語も、今ではずるをしたがるタクシー運転手とも対等に渡り合えるようになったらしい。とはいえ、まだまだ理解できなかったり、壁を感じることは多いのだとか。

「私自身と中国との、そうした溝というか距離をもう少し詰めていきたいですね。今は、これまでと違う編集という立場から中国を見て、関わっていける楽しさを感じています」

＊『コンシェルジュ』　毎月一日、中国主要沿岸四都市（大連、北京、上海、香港）で一四万八〇〇〇部発行されているフリー・マガジン。www.concierge.com.cn/

第3部

特別編——将来を見据えて

1 日本企業を超える複合的経営

日本企業とアジア企業の長所を組み合わせた　ＣＣＳアドバンステック（タイ）

★営業回りはせずお客を集める製造業のコンビニ――技術は日本並み、経営はグローバルスタンダード

タイですごい会社を発見した。ものづくり、特に自動車やエレクトロニクス分野では一歩抜きん出ている日本の部品企業の二歩も三歩も先を行くタイのローカル企業だ。それは、バンコク市の北西部に位置する華僑系企業ＣＣＳアドバンステック（以下ＣＣＳ）という会社である。

同社の、その業務内容を正確に表現すると、主にＯＡ機器や自動車・精密機械などの部品量産、治具、ツーリング、金型部品、保全部品、付帯設備等の加工、製造、販売を行なう企業となる。おそらく、この業種でこれだけの規模、設備の企業は日本にもあまり多くはない。タイはおろかＡＳＥＡＮでもナンバーワンと思われる。

❶営業に回らないのが営業方針

既にアジアに進出している企業、あるいはこれからアジアに進出しようとしている企業にとって参考になるのは、このＣＣＳが企業を回る営業活動をほとんど行なっていないことだ。品質が高いことに加えて、価格はタイ国内で日系の部品会社から調達できる平均的な価格の二割安に設定してある。タイは現在、日系企業による生産増強が進んでいるから、こなしきれないほどの注文が入ってくる。営業に回らないのだから、営業経費はかからない。その分、製品を安くできる。

ただ、それだけではない。なぜ、こちらから出向く日本型の営業活動をしないのか。今が「売り手市場」だからというだけではない。営業に回り、頭を下げて交渉すると、どうしても価格だけがひとり歩きしてしまう。ＣＣＳは、価格だけを顧客満足とはさせないポリシーを持っている。

値段というのは、その物の金額だけを示すのではない。Ｑ(品質)、Ｃ(コスト)、Ｄ(納期)これらがすべて合致して初めて値段がはじかれる。よく聞かれる「現場、現物、現実」。これを顧客

CCS の工場内

に見せ、トータルとしての信頼性を顧客に示す事が重要だからだ。
一つの引き合いに値段を見せるのではない。それごとにビジネスプランを提案することだそうだ。
CCSでは「商品」=「現場」=「工場」という関係を重視する。だから、顧客に「工場」にきてもらうのだ。そして徹底的に納得してもらう。それは口先では不可能だ。日本なら「ジャパンアズナンバーワン」として通用するかもしれないが、発展途上国では、口先は通用しない。現場を体感してもらうことが、ビジネスプランの納得につながる。
本当に顧客のことを考えるなら、営業に

行くのではなく、顧客に足を運んでもらうのだ。これが一番の近道であると考えている。
「契約してあげるから、納入価格は安くしてくださいよ」
というのが長年の日本の商習慣として常識化している。価格は安くしても、量を出してもらい売り上げを確保するという日本の下請け企業の逆を行く発想だ。それに、大企業と下請けである中小企業という上下関係意識は双方ともプラスにならない。あくまで、部品の受発注は発注企業と受注企業の関係である。

従来の流れによる商習慣を常に疑問視して原理原則に基づいた考えが、このような形になる。ASEAN地域で最大規模の最先端機械を集めていると同時に実績があるとなると、日本企業側もこの営業スタイルを無視することができない。CCSに行くと、入り口の近くに恒温室（温度・湿度を一定に保った部屋）がある。そこで測定器の測定をしている。これをビジネスとして展開しているのはタイローカル企業ではCCSだけであり。タイ日系企業にもない。常に最先端、常にオンリーワンを目指している証だ。

またアメリカ航空機エンジンメーカーへの納入実績があることは、日本企業には大きなアピールとなる。

同社には、毎日のように日系企業の日本人担当者、日本からの国際購買担当者の新規引き合いの訪問がきれないという。

❷航空機部品からトイレタリー関連製品まで製造

ＣＣＳの経営が際立っているのは、日本企業なみに技術レベルを高めながら、華人企業らしい広角経営を進めていることだ。それも並みの広角経営ではなく、究極的に極めている点が特徴だ。航空機部品、自動車関連、トイレタリー、ＯＡ機器など、全くジャンルにとらわれない顧客を持っていることからも、それは理解できる。

極めつけその二は、世界各国の人材を使い切っていることである。現在同社には二二名の外国人社員が勤めている。

その役廻りだが、まず七名のインド人がいる。このうち一人は副社長である。総合経営管理システムに関しての能力では、インド人が世界で一番有能なようだ。さらにＣＣＳが重視している航空機関連や、英語圏顧客への対応でも力を発揮している。

次に二名の日本人がいる。主要な取引先である日系企業のサポートと営業を受け持っている。やはり、日本人には日本人だ。

さらに一二名のフィリピン人がいるが、彼らは平面研削盤関連の特殊な精密加工を受け持っている。

一名のマレーシア人は、同社がマレーシアのペナンで経営が苦しくなった刃物の工場を買収し、経営者がそのまま社員となった。ASEANの先発国であるシンガポール、マレーシアの部品企業は競争力が落ちてくる。そうすると、適当なところでM&Aを行ない、時間を買うのが同社の戦略だ。

これらの分野はいずれもタイ人ではまだこなしきれない分野であり、同社は積極的に外国人の「助っ人」人材を採用することでカバーしている。

CCSでは技術スキルだけでなく、顧客の民族性を重視している。これは目立たないことだが、とても重要なことだ。

❸工場内は工作機械の国際見本市会

極めつけその三は、工場の機械設備はどの分野でも世界の中で最高レベルのものを配置していることだ。

ＣＣＳの工場を歩いてみて日本の工場と大きく異なるのは，日本製以外の工作機械が実に多いことである。日本製、スイス製、ドイツ製、アメリカ製など、まさに工場内は工作機械の国際見本市のごとく色々な国の機械が並んでいる。おそらくこんなかたちで機械を揃えている工場は、日本国内にもそれほどはないだろう。日本の一流工作機メーカーのトップが何人もＣＣＳを訪問している事実からもこれは容易に想像できる。

ユーザーである日本企業が同社を訪問すると、「これだけの機械を現場のワーカーが使いこなせるのか」という質問が出る。よく聞かれる言葉だ。確かにこのことも大問題だ。しかし、そのために、日本人やフィリピン人などの外国人部隊がいる。

さらに特筆できるのは、仕事をどんどん与える。暇を与えない。常に納期に追われる。売り上げがないと収入がなくなる。社員にこの考えを徹底させれば、おのずとあるレベルまでのスキルアップは可能とのことだ。

極めつけその四は、幹部社員の「率先垂範」である。まず、同社は幹部が前線に立って動くことを企業経営の原点としている。

工場の操業時間は午前八時から午後五時までだが、社長以下の最高幹部は午前七時にはほとんど出勤している。また同社は、土曜日も出勤日で会社自体の年間休日は六七日ほどしかない。

工場の「セブンイレブン化」とは、部品産業のメッカ東京・太田区の工場と同様である。ユーザーからなるべく近いところで、安く、速く送り届ける。そのためにまず幹部が朝早くから夜遅くまで働く。この姿勢を徹底させた。私の見たところ、いい意味で昭和四〇年代の日本企業を彷彿させる。それだけの馬力と意気込みを感じさせられる。

ＣＣＳの発展形態はまったく無理がない。最初の仕事は板金加工だった。それが次第に高付加価値でハイテク型の小さなものに変わっていく。現在でこそパソコンや半導体関連、航空産業などの精密加工部品を手がけているが、これも次第に製品内容を広げていき、技術レベルを高めていった結果だ。

しかし、ここが同社の面白いところだが、これだけ技術、製品のレベルを上げても、昔から行なっているＰＳ真空成型包装パレットの製造や大型の板金加工を今でも継続している。ビル用のアルミ建材、内装資材の販売もまだ行なっている。

❹技術は日本並み、経営はグローバルスタンダード

同社は一九九七年のアジア通貨危機までは、顧客は日本企業一社だった。一社から切られた

ら、倒産である。その時の教訓から顧客を増やした。現在ではその数四〇〇社まで増えている。最初の顧客の売り上げが落ちたわけではないので、売り上げが増えたのは納入先日系企業を増やしたからだ。

その一九九七年七月に同社に入社し、タイの日系企業への販路拡大の立て役者となった同社のナンバー三がディレクターの一迫守《いちはざま》氏である。一迫氏とオーナーであるブーンジャラーン・マノ社長との不思議な縁が、このCCSの発展の原点だと言っても過言ではない。一迫氏は二〇代に大手機械部品メーカーに勤め、タイ駐在も経験した。その間にCCSオーナーと縁ができた。機械部品メーカー退社後、トイレタリー関係の会社に勤務していたが、一九九六年にオーナーが東京まで来て彼をヘッドハンティングした。

「私にノギスの使い方を教えてくれたのが彼です」（CCSオーナー）

オーナーのマノ氏は一迫氏への恩が忘れられず、一緒に仕事をしたいと常々考えていたそうだ。人間関係を非常に重視する華人らしい発想だ。

「信じられませんが、我が社は精密機械部品分野ではタイはおろかASEANでも有数の企業となりました。ここまで会社が成長した要因は、アジア通貨危機以降、日系企業の部品の現地調達が至上命令となったことです。それが我々にとって好環境を生んでくれました。今の私の仕事の一部は仕事を断ることです。大変不遜な言い方ですが、日系企業の一大集積地となったバンコクでは仕事はいくらでもやってきます。しかしながら、Q（品質）、C（コスト）、D（納期）をベースに、顧客満足と当社の利益、これらをコミットするには、何でも仕事を引き受けるわけにはいきません。顧客のためになりません。CCSのためにもなりません。常にウィン・ウィンの関係を考えるだけです。日系企業にとって、どうしても日本人社員のいるローカル企業だと安心して仕事を頼みたいようです」

一迫氏はこともなげに語る。

❺ユーザーの七割弱は日系企業が占める

このようにCCSは華人系企業でありながら、ユーザーの七〇%は日系企業である。長期安定的な取引姿勢と支払いの確実さで日系企業は同社から高く評価されている。現在の同社の生産能力から言って、当分本格的に他の国やローカル企業の仕事が入り込む余地はなさそうだ。

さて、CCSのオーナーであり、社長であるマノ氏は六八歳、この歳で年数回の海外出張をこなし、同じ月にアメリカ往復とヨーロッパ往復をエコノミークラスで出張するほどのバイタリティーがある。

一〇代の頃から、薬→宝石→エビの養殖→ガソリンスタンドとこれまでその時代、その時代に合うビジネスを手がけてきた。そして、プラザ合意直後の日本企業のアジア展開が本格的に始まったころから製造業を手がけてきた。まさに機を見るに敏である。今はほかの事業からは一切手を引き、このCCS関連の四社の経営に専念している。タイでも多くの仲間がバブルに浮かれているころ、その資金でせっせとスイスやドイツ製の機械設備を購入した。これが現在の経営に生きている。

❻NHK時代の終わり

これから、タイやASEAN各国の企業が、同社を追い抜くのはなかなか難しい。日本の企業でさえも難しい。それはこれだけの設備投資をするのが、将来はより大変だからである。まさにバブルをうまく活用し設備投資を先行したのが当たった。ツキもあるけれども、それを呼び込む力が彼にはあった。

「ユーザーである日系企業、外国人社員を含めた多くの社員の方に助けられてここまでやってきました。技術の進歩が速いので毎日、毎日が勉強です」とマノ社長は語る。

技術は日本企業並み、経営はグローバルスタンダード、アジアでこんな会社が出現している。多くの日本における部品加工企業の経営モデルが古くなりだした。それは、（1）系列取引の解体、（2）ユーザーである大手企業のアジア展開、（3）アジア企業の追い上げに加え、アジア企業自身が新たなビジネスモデルを生み出すなどの劇的変化をとげていることだ。それを日本企業は身体で理解できないからである。日本企業がもっとも得意とした、

N（納期）

H（品質）

K（価格）

の時代が終わったのである。このことを理解して、自社でしかできない「型」を創り、その「型」を時代の変化によってすぐに変えられる柔軟性がないと、今後、日本の部品企業として生き抜いていくことは、とても難しい。このCCSを訪ねてみると、そのことが実によくわかる。

CCSは、アジアで成功できる二一世紀の「中小企業モデル」となるのではないだろうか。

ＣＣＳアドバンステック株式会社(C.C.S. ADVANCE TECH. CO.,LTD.)

本社住所　54/2 M.9 Soi Kantana Bangyai-Bangkoolad Rd.,Bangmuang,Bangyai,Nonthaburi 11140, Thailand

電話　六六‐（〇）二四四三‐六九九六　ＦＡＸ　六六‐（〇）二四四三‐六四四四

主な業務内容　主にＯＡ機器や自動車・精密機械などの部品量産、治具、ツーリング、金型部品、保全部品、付帯設備などの加工・製造・販売

2 系列のしがらみを越えアジアへ展開

特化技術をアジアに生かした　A社（台湾）

★台湾メーカーに部材を供給し多極化市場に乗り出す

アジアと言っても、韓国、台湾は他のアジア諸国とはちょっと異なるところがある。この両国にはエレクトロニクス分野を中心に日本のライバルメーカーが多数存在するからだ。韓国には、世界的なエレクトロニクスメーカーとなったサムスン、ＬＧがあり、また台湾にはＴＳＭＣ、ホンハイ（通称ＦＯＸＣＯＮＮ）などの巨大企業がある。だからこれらの国には、日本の大手メーカーのライバルでもあることから、日本企業は進出しにくいと思われがちだ。

しかし、実態は大きく違っている。日本銀行の統計で見た日本からの直接投資残高では、韓国については二〇〇五年の九六九四億円が二〇〇九年には一兆一六一一億円に、また台湾については二〇〇五年の六九六九億円が二〇〇九年には八六一三億円へとそれぞれ増大している。

実はリーマンショックが二〇〇八年にあったので、やや増え方が小さくなっているが、韓国の場合、二〇〇七年には一兆三〇〇〇億円を超えていた。

❶韓国、台湾へ部品産業が進出

直接投資は、その国の国債や株式を買う間接投資とは違って、工場建設などその国での永続的な権益を得る目的で行なう投資のことで、この直接投資残高が増えることは、その国への日本産業界の進出が拡大していることを意味している。韓国、台湾への直接投資で、特に注目されるのは中堅・中小規模の企業進出だ。

実は、韓国、台湾ともに巨大なエレクトロニクスメーカーは存在するが、先端部材や精密金型などを提供してくれる優秀な中堅・中小企業が育っていないのが実態だ。

韓国の場合は、一時は国をあげて部材・部品メーカーを育成しようとした。だが、結局うまくいかなかった。そこで、韓国の場合は貿易赤字になることを覚悟してでも、日本から部材・部品を輸入することになり、それが対日貿易赤字の主な原因となっているほどだ。

しかし、この数年、流れが変わってきた。韓国政府は、規制緩和を進めて、海外メーカーの参入をしやすくする措置をとるようになった。そして、これに呼応するように日本の中堅・中小企業が積極的に韓国に出るようになった。

部品メーカーが育っていない事情は台湾についても同様だ。TSMC、ホンハイは巨大な受託型の企業である。独自のブランドを持った形での小売りはあまりせず、むしろ世界から注文を受けて低コストで大量生産して卸すという受託生産型のビジネスモデルだ。ただし、TSMC、ホンハイとも部材や部品を集めてきて組み立てる組立型の会社である。日本の部材・部品メーカーが参入する余地がある。日本は、韓国や台湾に比べて、もの作りの裾野が広く、多種多様な中堅・中小メーカーがある。この強みを生かさない手はない。

❷海外メーカーとの取引を加速

一方、日本の中堅・中小企業からすると、国内メーカーの受注だけに頼っていたのでは、ジリ貧になるという危機感がある。それでもこれまでは、その決断と営業ができず、なかなか海外メーカーとの直接取引には踏み切れなかった。

だが、長引く国内景気の低迷の中で、系列は自動車など一部の業界を除き、次第に解体されている。昔は、コストダウンの要求はきつくても、仕事はそれなりに発注し続けてくれる系列の良さがあった。だが、大手メーカーでは中国などからの海外調達はもはや常識となっていて、系列発注先に頼った経営ではうまくいかなくなっている。

ただし、これまで系列の殻の中で仕事をしてきた日本の中堅・中小企業にとっては、心理的に大きな壁を越えなければならない。

「海外メーカーとどのように取引していくのか」

「海外メーカーの取引内容は日本とはどう異なるのか」

などなど、考え出したら、不安の種はいくらでもある。しかし、そんな不安を押しのけて、韓国、台湾の大手メーカーと取引を始めた中堅・中小企業がある。韓国や台湾側から要請されたことに加えて、自社製品への自信があったからできたことだろう。

❸台湾の大手メーカーから技術を見込まれ受注

台湾南部にある台南サイエンスパークに二〇〇九年早々に取材に行った。この台南サイエンスパークは台湾政府肝いりのプロジェクトで、パソコン、液晶、半導体、バイオテクノロジーなどのハイテク企業が多数立地している。豊富な資金で先行して設備投資をし、安価に世界市場に供給するというのが台湾企業のビジネスモデルだが、その中核基地がこの台南サイエンスパークと北部の新竹サイエンスパークである。

日本から進出している中堅メーカーA社は、パソコンやテレビなどで使用する液晶画面の研磨技術を持った企業である。特に、四八インチサイズなどの大型のものを研磨できる技術は世界でも数少ない。

そして、現在ではこの機械研磨だけでなく、新規加工技術である化学研磨も行なっている。同社は一九九〇年代から、パソコンやテレビなどのOEM生産や半導体、液晶パネルなどの部品メーカーの多い台湾市場に注目し、市場調査を始めた。

その時に、この特化技術を見込まれ台湾の大手パネルメーカーC社からうちのパネルを磨いてほしいと頼まれ、二〇〇二年五月に台南サイエンスパークに入居している同社の工場内に合弁会社を設立した。同社にとっては初めての海外展開である。

しかし、ユーザー一社だけではリスクも大きく、また何よりも仕事の変動が多すぎる。そこで、〇五年一一月にこのC社の道路の向かいに新設の工場を作った。現在ではこの新設工場が本社で第一工場、C社構内の工場を第二工場としている。この判断は正しく、現在では仕事の五〇%がC社、その他の企業が五〇%となっている。

❹今しかできないことを探して実行

A社の持つ独自技術を生かした理想的な形の台湾での事業展開だったが、〇八年のリーマンショック直後の訪問だったため、経営環境はきわめて厳しい時期だった。A社の現地子会社のT総経理が、当時、次のように語ってくれたのが印象的だった。

「なにしろ大変です。営業マンがユーザーに出向こうとしても、会社は休みです。担当者に会えても何も商談はありません。来ないでほしいと言われることもあり、情報が取れないこともしばしばです。

それでは、今なにをやるのか。それが結構あるんですよ。今まではどちらかと言えば仕事を力まかせにやってきた感があります。まず、この際、生産を効率化するための体制を本格的に整備したいと考えています。また、若手技術者を集めて新しい技術開発や生産工程の研究をさせています。けっして後ろ向きに閉じこもるのではなく、今しかできないことをやるように話しています」

台湾に進出したこのA社に限らず、その後の世界景気の回復と新興国需要の拡大を見ると、台湾や韓国で巨大メーカーに部材や・部品を納める中堅・中小メーカーは、おおむね成功したと言ってもいい。

❺新興国の需要を取り込む

サムスン、LG、TSMC、ホンハイなどの巨大企業は、日本の大手メーカー以上に新興国の需要をうまく取り込んでいるからだ。これら韓国や台湾の巨大メーカーは日本の大手企業と違って、過去の取引実績にこだわらずに、仕事を発注してくれる。だが、その半面、切る時にはドライに仕事を打ち切る。

かつての日本の大手メーカーが行なっていたような面倒見の良さは持ち合わせていない。それだけに、リスク管理がこれからものを言う。A社が台湾の中で受注先を多様化しているのは、その表われである。当たり前の話だが、国際展開を始めた日本の中堅・中小企業には、より戦略的な思考が求められている。

世界のマーケットがこれまでの米国主導マーケットから、欧米、日本などの先進国、中国、インドなどの新興国が並走する多層的、多極的なマーケットになろうとしている。市場自体が今までのように単純ではなく、さまざまな要因のぶつかり合うものになる。これもA社がこれまでの日本だけの事業展開ではなく、台湾に進出したことで、より理解できるようになったのではないか。

3 アジアのその次を目指しインドに進出

「トップラーメン」を売り出した　日清食品ホールディングス（インド）

★インドビジネスに立ちはだかる壁に挑戦――ヒンズー・イスラム圏でのビジネスノウハウを磨く

日本企業のアジア・シフトが始まっている。インドは自動車メーカーのスズキががんばっていることもあって、今後の成長市場として注目されている。インド市場で成功するなら、パキスタン、イラン、エジプトなどのアラブ中東、そしてアフリカ諸国の市場でも通用することになり、新興国ビジネスを展開する上でも大きな前進となる。

しかし、インパールを越え、仏教・儒教圏からヒンズー・イスラム圏に入ると、日本企業がこれまで理解してきたアジアの文化圏とは大きく異なる社会が広がっている。

インドで成功している日本企業としては自動車のほか、家電、インフラ関連、化学分野など一部の例外を除いて少なく、しかも大企業に限られるという特徴がある。流通や食品関連はきわめて少ない。

❶インドビジネス五つの壁

さらにインドビジネスに関して、日本企業には「五つの壁」がある。それは、（1）暑さと食事、（2）交渉、（3）英語、（4）契約、（5）インド独自の小さなサークルという壁である。それぞれを簡単に解説してみよう。

（1）まず、インドの暑さという問題がある。南部のムンバイあたりでは五、六月の暑い季節でも最高気温は三四～三五℃ぐらいだが、北部のニューデリーになると、最高気温は三八～四〇℃ぐらいになる。「三五℃の壁」と言われるが、この気温を超えると、日本で生活してきた人間にとってインドの暑さは耐えがたく、体力を消耗しやすい。

加えて食事の問題がある。インド料理の中心であるカレー料理は美味なのだが、毎日インド料理を食べていると、日本人の三分の一は下痢をする。もちろん三分の二の日本人は平気でインド料理とビールを堪能できるのだが、香辛料の強いインド料理が合わない日本人には苦痛となる。このため、日本から来た駐在員の多くが、月に一度はタイやシンガポールなど国外に食料の買い出しに行くことになる。というのも、インド国内には日本の食材を販売している店がほとんどないからだ。

背景には、インドでは流通分野の参入が過度に規制されているという現実がある。全インドで日本料理屋は一〇店に満たないし、日本の食材を売る店も、きわめて少ない。また、インドは華僑が進出できなかった数少ない地域でもある。このため、華僑が経営する中華料理店もほとんどない。

(2)さらに第二の壁は交渉の大変さという点である。今はずいぶん値札のある店が増えたが、昔は免税店、ホテルに至るまで値札がなかった。かつて商品には定価がなく、交渉が必要だった。これはカースト制のなごりという側面があり、つまりお金持ちはより多く払って当然という文化があるからだ。ハンバーガーのマクドナルドが一時、撤退したきわめて珍しい国として有名になったのもインドである。いまだに域内同一価格という考え方が理解されていない面がある。

インドで買い物をする場合、買う側からすると「値切れるからいい」と思われるかもしれない。だが、交渉を始めたら、途中で打ち切って帰るという選択肢はありえない。どこかで合意するまで延々と交渉を続けることがビジネスマナーなのだ。もちろん今のインドでは近代的なショッピングセンターで定価の値札をつけた店舗も数多く出現するようになったが、広いインドで考えるとまだまだ一部にとどまるというのが現状だ。

（3）第三の壁は英語を話すことの大変さだ。インドはかつて大英帝国の植民地だった歴史があり、英語が通じる。しかし、インドでビジネスをしようとすると、中途半端な英語では聞きとってもらえない。いいかげんな発音や文法でものを尋ねても聞きとってもらえない。

一方で、インドにはヒンディー語、ウルドゥー語、ベンガル語など英語以外の地域言語が二〇種類以上もある。インド国会は同時通訳で行なわれる。つまり、共通語は英語となるが、英語を第一、第二、第三言語として話す人は、全人口の約一割ほどだ。ただし、インドの大学の授業はすべて英語で行なわれるので、教育レベルの高い人には英語が通じる。しかし、地域や階級によっては英語とてまったく通じない。

この英語が話せないと、インドビジネスで新規開拓をすることは現実問題として難しい。実際に、試しに英語に堪能なインド人を同席させて現地に進出している日本企業を回ったところ、インドで通用するような英語を話せる日本人は一〇人中二人程度、つまり二割しかいないと指摘されたことがある。このため多くの日本企業では、欧米の英語圏で実績がある人間をインド担当に抜擢するケースが少なくない。だから、日本の中小企業にとっては、インド進出の壁は他のアジアの国に比べると格段に厚い。

欧米の企業は英語が話せるというメリットがあるので、日本企業に比べインド展開をうまく成功させているケースが少なくない。

（4）第四の壁が契約の問題である。インド人は数学や論理的な展開が得意だ。このため、契約書を交わす時にも注意が必要だ。「日本人は契約書を見ない」ということが、現地ではまことしやかに言われている。つまり日本人は、契約書には甘いということだ。

実際、商社マンでも本当に新たな契約書を作り、見ることができる人は少ない。ましてや普通の企業になると心もとなくなる。もちろん大きな契約はそれなりに注意するが、すべての契約に注意を払うことなどできない。

このため、日本企業と契約する場合には、わざと契約書の枚数を多くして、分厚い契約書にすることがあると言われる。この点も、インドに進出する場合には注意が必要だ。少なくとも大きな案件はコンサルティング会社に吟味させるなどして、すぐにサインをしてはいけない。

（5）さらに第五の壁は、インドの社会では、ビジネスのインナー・サークルの人数が三〇人程度と、きわめて小規模なことだ。反対に中国人や華僑のインナー・サークル規模は約三〇〇〇人とかなり多い。中国では「友人の友人は友人だ」という関係が成り立つ。このため、知り合った中国人に紹介されてビジネスが広がるということが往々にしてありえる。ところが、インドでは三〇人のサークルであり、こうした友人関係は持ちようがない。三〇人といえば、親兄弟、親類とその兄弟などに限定されてしまう。これはタタなどの財閥グループでも同様である。

❷まだ一〇〇〇社に届かない進出企業

インドでは、会社で一社員として入社した人間が、トップに登りつめるケースはきわめてまれだ。このインナー・サークルに入っていなければ、本当の信頼関係は築きにくい。日本の中小企業の進出がきわめて少ないこともうなずける。

一方、インドビジネスで日本や現地でコンサルティングをしている日本法人もまたきわめて少ない。しかし、一部の成功しているコンサルタントはインドのインナー・サークルにうまく食い込んでいるということを意味している。彼らはインド人人脈を築いた数少ない人たちであり、ただ今絶好調である。中小企業がインドに進出する場合には、コンサルタントの活用を含めて、強力なパートナーが必要になるだろう。

次に紹介する日清食品ホールディングス（以下日清食品ＨＤ）のケースはきわめて例外的な成功事

例である。日清食品ＨＤの場合は、インドのパートナーであり、同社のカップヌードル用にインド産のエビを供給していたＡＦＤＣ社の存在が大きい。

日清食品ＨＤがインドでインスタント・ヌードルの存在価値を次第に高めつつある。カレーの国でインスタント・ヌードルというとてつもないビジネスモデルを完成させつつあることは、見事と言っていい。

それというのも、まず日本企業がインドに進出すること自体が大変なのだ。ポスト中国はインドなどと語られるが、二〇一〇年一〇月時点で日本企業のインド進出は七二五社にすぎない。中国は、主要企業で五万社出ているから比べるまでもない。中国で見るなら、一市分程度、それも中堅どころの煙台市、杭州市程度である。

その七二五社も特徴がある。自動車、家電、化学、それに道路建設などのインフラ系とそれを補完する金融・商社などが中心だ。規制が多いことから流通系は少ない。また大都市への大企業進出が中心で、中小企業は少ない。

後は、最近有名となってきたソフトウエアの生産委託だが、このビジネスは既に日本のほとんどの会社がアウトソーシングの形で行なっている。レベルも高く、価格も安く、評判が良いが、これは日本にタタ、インフォシスなどインドのソフトウエアの大手企業が五〇社程度事務所、営業所を持っており、いわば日本で日本人あるいは日本語のわかるインド人を介して発注するだけに、まったく事情は異なる。

❸日本タイプのインスタント・ヌードルはあまり売れず

日清食品ＨＤがインドに進出するきっかけは、同社の大ヒット商品「カップヌードル」の具となる乾燥エビをインドからずっと供給してくれているパートナーからの要請があったからだ。パートナーであるＡＦＤＣ社のトップがインド人としては大変珍しく大の日本の即席ラーメン好きで、

「これは売れるから、ぜひインドでもインスタント・ヌードルを作ってほしい」と要請された。この情熱にほだされての進出だった。だから、日清食品ＨＤの工場はインド南部バンガロールのこの乾燥エビ工場の隣にある。

しかし、「麺の本場」中国に進出するのと異なって、インドはとても苦労が多かった。「カレーの本場」のインド人にインスタント・ヌードルを根付かせるのは容易ではない。

当初は、香港や中国に進出した時のようにとりあえず売り出してみようということで、

一九九〇年一一月にインドのスタッフだけで作ったスープタイプの即席麺を発売した。しかし、あまり売れなかった。発売三ヵ月にして販売を断念した。敗因ははっきりしている。どんぶりのないインドの家庭に、どんぶりの必要な麺を売ったためだ。

当時のインドではもう一社、欧米系のネスレ社が、いわゆる焼きそばタイプの麺を売っていた。日清としてはなんとか、差別化を図ろうとしたのが逆に裏目にでた。

❹ロングセラーの「トップ・ラーメン」シリーズ

そして、九二年に心機一転で販売したのが、現在同社の主力製品となる「トップ・ラーメン」シリーズだ。麺は、インド人の嗜好に合わせて柔らかめにした。スープの味付けは、一番大事なので、インド人に加え、同社のシンガポールと日本から研究員を呼んで、プロジェクトチームを組み、独自の味を開発した。結果は、先発のネスレ社と同じタイプの焼きそばタイプとなったが、味を、マラサ、トマト、チキンと多彩に揃えた。食べ方は、日本と同様に三分煮るやり方である。

インドのインスタント・ヌードル市場は、二〇〇九年現在で二〇億食だ。人口一億三〇〇〇

インド日清フーズの工場

万人の日本が五三億食だから、人口比で見るとインドのインスタント・ヌードル需要はまだまだ少ない。この二〇億食を先発のネスレ社が八〇％、日清が二〇％（取材当時）と二社で分け合っている。

インスタント・ヌードルのインドでの位置づけは日本とは大きく異なる。日本での役割は時間と経費を節約するためのインスタント食としての機能だが、インドではインスタント・ヌードルは高級品だ。カップヌードルは、超高級品である。誰が食べるかと言えば、お金持ちの子弟の学校が終わって夕食までのおやつ食が一番多い。

インスタント・ヌードルの値段は、袋入りが一袋五ルピー（約九円）、カップヌードルが二五ルピー（約四六円）と日本から見ると格段に安いように思えるが、そうではない。インドの所得からすると、まだまだ高級品であって庶民は手が出ない。

❺インドの列車にカップヌードル

同社のバンガロール工場の安田智和マネージングディレクター（当時）は、次のように語る。

「インドの所得を考えると、四〇数年前、当社のチキンラーメンが世に出たころと似ています。確かに、お金持ちはこのインドには多いのですが、多くの庶民は貧しいのです。それと、食は文化であり、暮らしであるから、保守的なのは当然です。これを変えなくてはならない。ここに大変さがある。しかし、中国が二〇〇九年時点で四〇九億食ですから、人口一〇億人のインドは潜在需要が多く、将来が楽しみな市場です」

インドの鉄道では、列車に乗ると車内でカップヌードルにお湯を入れてくれるサービスがある。これは、同社の幹部が実際に車内に乗り込み、言わば体を張って販売し、実現したものだ。

高級品であるカップヌードルも、袋麺と同様に麺がお湯を吸い込む焼きそば式となる。徹底的につゆを取るのがインドの特徴である。

もともとが、バンガロールに工場があったため、南インドが主たる販売先であった。これを列車、駅構内で売り出し、次第に北上する。現在は、デリー郊外に第二工場を持つまでに北上作戦は成功した。

❻衛生管理には細心の注意を払う

先に話したように、インドは地域ごとに話される言葉が違う。ツアーでデリーのガイドがバンガロールにくると、まったく言葉が通じない。ここでまたガイドを雇う。デリーとバンガロールのあるカルナータカ州ではまったく言葉が異なる。もちろん言葉だけでなく、民族も、文化も、風土も、商慣習も異なる。同社の北上戦略の難しさがここにあった。現在は、二工場体制で先行するネスレ社を追走する体制になったといえる。

販売についても、これまで現地販売店である現地企業マリコ社に任せてきたが、現在は自社販売に切り替えた。

同社が、もう一つ力を入れているのが衛生面である。バンガロールは多少涼しいが、インド全体が灼熱の国で、夏になると摂氏四五度を上回ることもある。日本企業がなかなかインドに進出できない事情の一つにこの暑さがある。とてもではないが、クーラーをつけて寝ないと体が持たない。しかし、私もそうだが、クーラーをつけて寝るとノドをやられる。そのくらいの暑さなので、当然、衛生面も配慮しないと大変なことになる。

同社がまず行なっていることは、販売は製造の前工程で徹底的に小麦をふるいにかけていることだ。抜き取り調査を頻繁に行なう。私が、取材した時も検査担当のワーカーが盛んに抜き取り検査をしていた。

❼ていねいなクレーム処理

良いインスタント・ヌードルを作るには、原料の中に品質の悪い小麦を混ぜないことだ。現地の小麦は、価格は安いが品質が悪い。この悪い品質の小麦でインスタント・ヌードルを作ると不良品が出る。この暑さだから、万一の場合は食中毒が起こるかもしれない。注意の上にも注意をしている。インスタント・ヌードル市場が、ネスレ社と同社でインドの市場を独占しているのは、この品質の確保がローカルメーカーにはできない（品質を確保しなければいけないということがわからない）ということでもある。

しかし、この環境下であるから同社に年間で一〇件程度のクレームが来る。この後処理が日清食品HDらしい。まず、あやまりのレターを出す。次に、日本で言う菓子折りを持って謝りに行く。最後に、インスタント・ヌードルをプレゼントする。

この、なんとも日本的なやり方がインドで大変好評である。インドの社会は、長年のイギリス支配からガンジーの無抵抗運動を生んだように、自分に自信を持てと自己を強力に主張する社会である。そういう社会でこんなに何度も謝るわけだから、同社は好印象となる。

ただ、日清食品HDのすごいところは、この過程で、品質がどのように悪かったか、その原因は何であるのか、今後どのようにすれば防げるか、これを学んでいることだ。これらの作業は、もちろんインド人のスタッフが行なうが、彼らがもう日本人の目つきになっているのが印象的であった。

❽カウンタービジネスが今後の課題

前出の安田マネージングディレクター（当時）は、インドビジネスの難しさを総括してくれた。

「ともかく、日本とは何もかも異なり、苦労の連続です。まず、インドの南部にはスーパーマーケットが四〇〇店あるのですが、北部にはそれが少ないのです。小さな店で何でも売る、いわゆるよろず屋です。だから、全国展開と言うわけにはなかなかいかない。

南部のスーパーマーケットは年率四〇～五〇％で伸びているのですが、北部は商権の関係か、なかなかスーパーマーケットが登場しない。スーパーマーケットができてくれるとうちとしては楽になるのですが。

ちなみに、ライバルのネスレ社とはスーパーマーケットでは五分に渡りあえるのですが、このよろず屋にうちは弱いわけです。よろず屋の『カウンタービジネス』は、長年の経験と蓄積がモノを言うだけに、いかんともしがたいところがあります。

この国は、数字が得意な民族だけに小売りに関してはどこまで行っても細かいルールがある。この果てしない戦いをやっている感があります」

営業とゴルフ焼けで顔は真っ黒、精悍なまなざし、スポーツで鍛えた身体、言葉とは裏腹に今後にインド市場に対する期待を感じた。（＊なお、安田氏の発言については二〇〇五年五月取材当時のもの）

日清食品ホールディングス株式会社

東京本社住所　〒一六〇 - 八五二四　東京都新宿区新宿六 - 二八 - 一
電話　〇三 - 三二〇五 - 五一一一
主な業務内容　即席めんの製造および販売、チルド食品の製造および販売、冷凍食品の製造および販売、菓子・シリアル食品の製造および販売、乳製品、清涼飲料、チルドデザート等の製造および販売、飲食店の運営。持株会社として、グループ全体の経営戦略の策定・推進、グループ経営の監査、その他経営管理など。
年間売上高　三七一一億七八〇〇万円（連結・二〇一〇年三月期通期）

あとがき――アジアから吹いてくる「活気」の風

増田さんとの出会いは、数年前に国際経済誌の雑誌編集者として取材にうかがった時だった。何度かお会いするうち、増田さんという学者のフィールドワークのすごさがわかってきた。過去二〇年近くにわたり毎年一〇回ぐらいはアジア各地の進出日本企業を訪ね歩いているという。

しばらくして私のほうから、「これまで雑誌に発表されたレポートを見せていただけませんか」とお願いした。当時、それでどうするというアテがあったわけでもないのだが、きわめて好奇心をそそられた。送られてきたコピーの束を読んで、これは本にすべき内容だと確信した。何より、中小企業がいかにアジア進出を実現してきたかという実践ノウハウがちりばめられている。しかも、これまでマスコミに登場していない切り口は新鮮だ。そこで単行本化の提案をしたのが二〇〇九年末のことだった。

本書は、増田さんがこれまで雑誌に発表した各レポートをもとに、私が総論部分を書き足した。とはいえ、これも増田さんの談話がベースになっているのだから、本来、著者は増田さんなのである。しかし、増田さんのご好意により、共著という形に落ち着いた。浅く広くアジア経済に興味のあった私としては、楽しい仕事だった。

この本づくりを通して新たな発見があった。それは、アジアで創業した企業人の活力が伝わってきたことだ。活気の「気」と言ってもいい。アジアで新しい未来を切り開こうと、日々工夫を重ねている企業人たちの息吹が感じられ、大いに良い気をいただいた。

今、日本全体に沈滞ムードがただよっている。しかし、アジアという選択肢を持つことで、人も企業も未来への可能性が開かれることはまちがいない。アジア各国は今、かつて目にしたこともないような活況に向かいつつある。そのアジアと何らかの接点を持つことで、少なくともアジアから吹いてくる「活気」の「気」に直接、触れることができる。

本書が読者のビジネス上の参考になれば幸いだが、それ以上にアジアから吹いてくるこの「気」を多少なりとも読者に感じていただけたなら、これに勝る喜びはない。

馬場　隆

増田辰弘（ますだ　たつひろ）

1947年島根県生まれ。法政大学法学部卒。プラザ合意以降の第1次アジア投資ブーム時からアジアの日系企業を取材し、現在まで25年間で取材企業数は1500社を数える。今後15年で前人未踏の3000社を目指している。毎月1回東京で「アジアビジネス探索セミナー」を開催するほか、地方、アジアでも出前アジアビジネス講座を開設している。著書『アジアビジネス失敗から学ぶ成功する法』（産能大出版部、1995年）、『中国ビジネス勝利の方程式を解く』（グローバルヴィジョン、2004年）など多数。

住所 〒246－0015　神奈川県横浜市瀬谷区本郷1－43－8
電話 045（303）4701
携帯 090（4124）2496

馬場　隆（ばば　たかし）

1949年東京生まれ。中央大学文学部卒業後、エネルギー専門誌記者を経て、1992年、国際ビジネス誌『フォーブス日本版』創刊に参加。2009年から経済・人物ものを中心テーマに執筆。主要新興国経済の動向を探る国際経済ウオッチャーとしても活動している。

アジアで成功する企業家の知恵

初版第1刷発行　2011年2月25日
定価1500円＋税

著者　増田辰弘・馬場隆
装丁　臼井新太郎
発行者　桑原晨
発行　株式会社 めこん
〒113-0033　東京都文京区本郷3-7-1
電話 03-3815-1688　FAX 03-3815-1810
URL　http://www.mekong-publishing.com
組版　面川ユカ
印刷・製本　太平印刷社

ISBN978-4-8396-0243-7　C0033 ¥1500E
0033-1101243-8347

海外へ飛び出すシリーズ

中国で働く前に知っておくべきことは…。体験記と生活・就職情報の二部構成です。一部は俳優、日本語教師、ホテルウーマン、プルデューサー、営業マン、デザイナー…あらゆる業種のリアルな成功談・失敗談。二部はビザの取得から始まって、職探し、労働条件、部屋探し、交通、医療、銀行事情、生活費、日本人コミュニティのこと等々。すぐに役立つ情報を網羅しました。

上海で働く
須藤みか
定価一五〇〇円＋税

北京で働く
浅井裕理
定価一八〇〇円＋税

香港・広東で働く
須藤みか
定価一八〇〇円＋税

ASEAN検定シリーズ

自分はこの国についてどの程度知っているのか――レベルを確認しながら、ASEAN各国についてバランスの取れた知識を身に付けていくというシリーズです。観光だけではなく、各国の歴史、地理、政治、経済、産業、信仰、習慣、文化、食べ物、言葉などを各分野の専門家が写真とともにわかりやすく解説してくれます。一つの項目が二ページ読みきりなので読みやすく、さらに検定の模擬テストが付いています。

タイ検定

監修・赤木攻（元大阪外国語大学学長）

定価二〇〇〇円＋税

インドネシア検定

監修・加納啓良（東京大学教授）

定価二〇〇〇円＋税

ベトナム検定

監修・小高泰（拓殖大学講師）

定価二〇〇〇円＋税